神圣同盟

拿破仑之后的欧洲与门罗主义

The European Background of the Monroe Doctrine

The Holy Alliance

[美] 威廉姆·佩恩·克雷森 著

李勤 译

重庆出版集团 重庆出版社

图书在版编目（CIP）数据

神圣同盟：拿破仑之后的欧洲与门罗主义/(美)威廉姆·佩恩·克雷森著；李勤译. — 重庆：重庆出版社，2022.11
ISBN 978-7-229-17223-7

Ⅰ.①神… Ⅱ.①威… ②李… Ⅲ.①欧洲—近代史—研究 Ⅳ.①K504

中国版本图书馆CIP数据核字（2022）第224456号

神圣同盟：拿破仑之后的欧洲与门罗主义
SHENSHENGTONGMENG: NAPOLUN ZHIHOU DE OUZHOU YU MENLUOZHUYI
[美]威廉姆·佩恩·克雷森 著　　李勤 译

出　品：华章同人
出版监制：徐宪江　秦　琥
责任编辑：何彦彦
营销编辑：史青苗　刘晓艳
责任印制：杨　宁　白　珂
封面设计：@框圈方圆

重庆出版集团
重庆出版社 出版

（重庆市南岸区南滨路162号1幢）
北京盛通印刷股份有限公司　印刷
重庆出版集团图书发行有限公司　发行
邮购电话：010-85869375
全国新华书店经销

开本：880mm×1230mm　1/32　印张：6.75　字数：135千
2023年2月第1版　2023年2月第1次印刷
定价：49.80元

如有印装质量问题，请致电023-61520678

版权所有，侵权必究

前言

再过几个月，门罗主义将迎来它的一百周年纪念[1]，这是参加了第一次世界大战而又从这场重大灾难中全身而退的美国为数不多的外交政策之一。虽然学习外交史的学生对门罗主义时期的美国和英国并不陌生，但迄今为止，尚无翔实的资料能让我们充分了解詹姆斯·门罗(James Monroe)总统、约翰·昆西·亚当斯(John Quincy Adams)国务卿，与门罗主义主要针对的神圣同盟的缔造者——沙皇亚历山大一世(Alexander I)之间的关系。

1917年俄国二月革命后，威廉·佩恩·克雷森(William Penn Cresson)先生对俄罗斯帝国外交部的档案即展开研究，这将使学习历史的学生，特别是研究国际组织的学生，长期受益。在美国教授、俄罗斯档案专家弗兰克·阿尔弗雷德·戈尔德(Frank Alfred Golder)整理俄罗斯帝国档案中有关美国的珍贵文件清单时，克雷森恰好担任美国驻彼得格勒使馆的秘书。俄国临时政府知晓克雷森对俄美关系史感兴趣，于是特邀他参与档案的整理工作。克雷森主要负责整理沙皇亚历山大一世的私人信函以及私人备忘录中的外交资料，这些资料之前从未向学生开放过。

在此期间，克雷森把"书写历史"这一较为悠闲的工作抛在一边，转而从事更加艰巨的工作——观察正在形成中的历史。之后，他辞去外交部的职务，参加了美国远征军，投身到第一次世界大战中，在佛兰德斯担任美国军事代表团驻比利时总部的团长直至第一次世界大战结束。退伍后，他重拾被迫中断的事业，最近，他又通过研究美国国务院的档案，给自己的工作画上了圆满的句号。克雷森为同领域的研究做了有益的补充，因为他的研究侧重于圣彼得堡[2]和华盛顿之间的谈判，即催生门罗主义的欧洲背景。

本书虽然体量小，但意义重大。它清楚地表明了沙皇亚历山大一世不顾盟国意愿，竭力缔造神圣同盟的目的和用意，同时阐释了门罗主义和神圣同盟之间的关系。不带偏见的读者定能通过本书更好地理解新旧两个世界。

在肆虐人间的战争宣告结束时，人们总会试图寻找一些办法防止战争再次发生。这样的努力虽然不能完全奏效，却是降低诉诸武力的可能性的有益尝试。

三十年战争造就了埃默里克·克鲁塞 (Emeric Cruce) 的《新悉涅尼》(Nouveau Cynee)、胡果·格劳秀斯 (Hugo Grotius) 的《战争与和平法》(On the Law of War and Peace)，以及苏利公爵马克西米利安·德·贝蒂讷 (Maximilien de Béthune) 强加给自己的君主——法兰西国王亨利四世 (Henry IV)——的宏伟计划。

欧洲无休止的战争在西班牙王位继承战中达到高潮，靠《乌得勒支和约》(Treaties of Utrecht, 1713—1714) 和《拉什塔特条约》

(*Treaties of Rastatt, 1714*)才得以终结,从而产生了圣皮埃尔(Saint-Pierre)神父查理–伊赖内·卡斯岱尔(Charles-Irenee Castel)的《永久和平方案》(*Project of Perpetual Peace, 1713*)。紧随其后的法国大革命所引发的战争在一个世纪的时间里催生出了神圣同盟,一百年后,第一次世界大战又本着同样良好的反战意愿孕育了国际联盟。

历史会重演吗?只有历史自己才知道。

1922年7月14日

詹姆斯·布朗·斯科特(James Brown Scott)

» 注释

1　门罗主义发表于1823年。——译注
2　1914年,第一次世界大战爆发,圣彼得堡更名为彼得格勒;1991年苏联解体后,恢复圣彼得堡的旧名。——译注

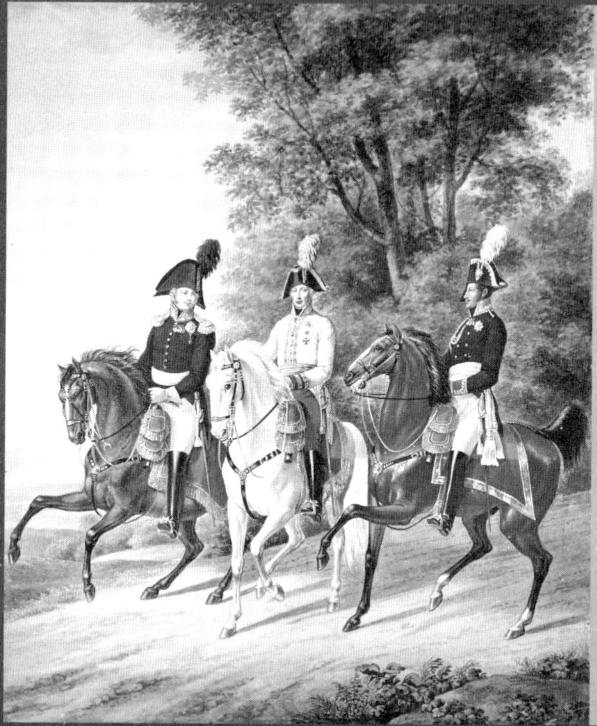

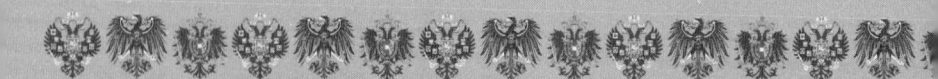

目 录

引 言 　　　001

第1章　神圣同盟的影响　　　057

第2章　神圣同盟的早期政策：美洲君主制　　　083

第3章　亚琛会议　　　103

第4章　美国与欧洲政治体系的重建(1815—1820)　　　125

第 5 章
—— 国际会议时代 143

第 6 章
—— 欧洲与门罗主义 169

附录 1
—— 1818年亚琛会议拟定的领土保障协议 199

附录 2
—— 拿破仑战争后的世界革命：特罗保会议 203

引言

在第七次向国会致国情咨文时，美国总统詹姆斯·门罗提出了门罗主义。再过几个月，我们将迎来它的一百周年纪念日。虽然在第一次世界大战后，门罗主义主要针对的三个欧洲大国——俄罗斯帝国、普鲁士王国、奥地利帝国——都一蹶不振了，但门罗主义始终是美国外交政策的基石。而俄、普、奥三国的衰落，也导致1823年美国的外交官和政治家所面临的根本问题再次出现——借用门罗总统的话说，这个问题本质上是"文明世界的现状及其对我们的影响"。

门罗总统和亚当斯国务卿的外交班底一百年前需要商讨解决的国际问题，与当前（本书中的当前、现今等词语皆指的是本书的写作时间——1922年）的国际问题仍存在许多相似之处。如今，我们依然要商讨：现今的国际局势，能否说服美国放弃因地缘关系而采用长久以来被普遍接受的孤立主义原则？我们能在多大程度上摒弃这一保障原则的限制？同时，我们力图在友好国家的诚挚邀请下，加入旨在维护全面和平的协议，那么我们应参与到什么程度？在这样的时刻，我们再次援引门罗总统的话："准确了解美国和世界其他大国的关系，对美国和世界其他大国的谈判和交易

'确实'相当必要。"

美国的外交政策倾向于回归"传统偏见",即专注美国利益,远离欧洲事务。这一趋势令一战结束以来的同盟国的政治家大伤脑筋。笔者认为,重新研究催生门罗主义的历史事件,将证明美国近期的表现与其外交策略是一脉相承的。美国国务院与俄罗斯帝国外交部皇家档案馆最近公开的材料显示,早期的谈判与当前的谈判有许多相似之处。而当年欧洲的政治家,如何试图说服美国放弃多年来的孤立主义政策,特别是理想主义者沙皇亚历山大一世诱惑美国政府加入神圣同盟的努力,几乎已经被美国的外交史遗忘了。

门罗主义反对的欧洲政策,当年之所以引起诸多误解,是因为很多人不了解《神圣同盟盟约》[1]这个奇怪的协议,或者不了解神圣同盟与维也纳体系之间的关系,而后者是拿破仑战争后欧洲外交重建的基础。神圣同盟成立之初,体现的是强大的沙皇亚历山大一世高度理想化的个人政策。签订《神圣同盟盟约》的三个君主中,只有沙皇亚历山大一世一人真心信奉神圣同盟倡导的原则,盖章时没有任何犹豫。一系列有争议的协议,从《托普利茨条约》(Pacts of Toeplitz)、《赖兴巴赫条约》(Pacts of Reichenbach)、《肖蒙条约》(Pacts of Chaumont),到《巴黎条约》(Treaties of Paris) 和《维也纳会议最后议定书》(Acts of the Congress of Vienna),最终造就了维也纳体系。沙皇亚历山大一世突然提出为了欧洲和平而创建神圣同盟,各国之所以不得不接受,是因为各国都不能失去俄罗斯帝国的军事支持。此时,谁敢不迁就沙皇亚历山大一世空洞的国际团结理论,就可能会导致大联盟的严重分裂。

站在历史的角度看,俄罗斯帝国独裁者的愿望和目的或许要从其政策真正的意义和价值来分析。但那个时代的人们认为,亚历山大一世的政策是自相矛盾和不可调和的。奥地利帝国首相克莱门斯·冯·梅特涅(Klemens von Metternich)和其他政治保守人物,认为亚历山大一世是个危险的空想家,是个"加冕的雅各宾"。几乎在同一时间,英国外交大臣乔治·坎宁(George Canning)与美国总统门罗制定了宪法性的政策,以保护自由政府原则不受亚历山大一世为维护君主制的合法性而进行的干预。要理解亚历山大一世矛盾的外交理念,就需要了解他的生平,特别是在其政治理念演变的各个阶段,对他产生重要影响的人和事。

1777年12月12日,亚历山大一世生于圣彼得堡。他的祖母是大名鼎鼎的叶卡捷琳娜大帝(Catherine the Great)。叶卡捷琳娜大帝包揽了亚历山大一世早年的全部教育,甚至不让他性情忧郁、不招人喜欢的父亲保罗一世(Paul I)插手过问。叶卡捷琳娜大帝通过长期与待在巴黎的文学家弗里德里希·梅尔希奥·格林(Friedrich Melchior Grimm)、哲学家德尼·狄德罗(Denis Diderot)书信交流,为亚历山大一世及其弟弟康斯坦丁大公(the Grand Duke Constantine)制订了详细的学习计划。由此看来,这个拥有雄才大略的女人早就打算好,无论有没有学习天赋[2],罗曼诺夫家族年轻的继承人都要接受一流的教育,造诣要远超周围国家的皇室成员。这个计划之所以能成功,要归功于叶卡捷琳娜大帝明智地聘请了法国瑞士裔学者弗雷德里克·塞萨尔·拉阿尔普 (Frédéric César de La Harpe)。当时，拉阿尔普只是叶卡捷琳娜大帝的宠臣亚历山大·兰斯科伊 (Alexander Lanskoy)[3]伯爵兄弟家中一个微不足道的职员。

拉阿尔普当时年仅三十岁，是个旗帜鲜明的共和主义者，早年深受伏尔泰 (Voltaire) 的影响，后来成了让-雅克·卢梭 (Jean-Jacques Rousseau) 的狂热信徒。但此时，这些问题都不足以动摇叶卡捷琳娜大帝对他的器重。后来，当法国大革命的过激行为让叶卡捷琳娜大帝的幻想破灭时，她和巴黎贵族沙龙的宾客对自由主义的认同，变成了对雅各宾主义[4]的深深厌恶。不过，在1789年之前，叶卡捷琳娜大帝并不觉得为沙皇继承人聘请拉阿尔普这样极端的自由主义者有什么不妥。[5]

从一开始，这位老师和学生就彼此欣赏。年轻的拉阿尔普无比热爱自己的新职位，也深知这个职位责任重大、意义非同一般。为了更好地履行职责，他请求全面负责亚历山大一世和康斯坦丁大公的学习，很快，他的请求获得了许可。共和主义者拉阿尔普和两个皇室学生都觉得，最愉快的学习方法就是回顾历史事件，然后从哲学层面对其进行诠释。

除了拉阿尔普，亚历山大一世还有其他几位老师，外国的教师包括：克拉夫特 (Kraft) 教实验物理和"科学"；著名德意志博物学家彼得·西蒙·帕拉斯 (Peter Simon Pallas) 教生物，他时常带着两位皇子去巴甫洛夫斯克附近徒步；马森 (Masson) 教数学。然而，凡涉及俄罗斯历史文化的内容，叶卡捷琳娜大帝都坚持要由俄罗斯教师教授：穆拉维约夫 (Muravyov) 负责教俄罗斯史和德育，亚历山大一世和康斯坦丁大公的告解神父安德鲁·桑博尔斯基(Andrew Samborski)教授宗教知识。作为学生，亚历山大一世勤学乐知。亚历山大一世学生时代的"虔诚精神"，预示了他日后所形成的易受暗示、意志不坚定的性格。老师们发现，与弟弟康斯坦丁大公形成鲜明对比的是，亚历山大一世不仅学习勤奋，还非常愿意亲近能满足他旺盛求知欲的人[6]。

1791年，亚历山大一世刚满十四岁，叶卡捷琳娜大帝就决定让他成婚：一方面是为了保证血脉的延续；另一方面，她已经迫不及待地想让他拥有自己的宫殿和自己的家庭，树立威信。为此，她甚至不惜牺牲亚历山大一世的父亲保罗一世的威望。叶卡捷琳娜大帝选中了巴登(Baden)大公的三女儿路易丝·奥古斯塔(Louisa Augusta)公主[7]。路易丝和她的姐妹们应邀来到圣彼得堡的皇宫，性情温和的亚历山大一世顿时陷入了爱河——这证明其祖母叶卡捷琳娜大帝的决定十分英明[8]。

1793年9月25日，亚历山大一世成婚，而拉阿尔普的教学并没有因此而中断[9]。但很快，到了1794年，即热月政变那年，这位年轻教师的雅各宾思想开始不被叶卡捷琳娜大帝容忍了。拉阿尔普突然被解聘了，甚至没有获得任何爵位、勋章[10]，以及皇家家庭教师卸职时通常会获得的荣誉。可能是因为亚历山大一世的干预，拉阿尔普被迫离职的时间推迟了。拉阿尔普利用这个意外的机会来完成最后的工作：给善于接受新思想的亚历山大一世灌输民主和自由的观念，这也激起了这位未来的沙皇对民主和自由的向往。此时，亚历山大一世已不仅是拉阿尔普的学生，更是拉阿尔普的信徒。只有拉阿尔普才能影响这个性格有些怪异的年轻人——虽然年纪不大，但温柔而固执的脾气已经显现。

1795年5月9日，分别的时刻来临了。在被迫离开自己的良师益友时，亚历山大一世毫无保留地表达了自己的悲伤和怨恨。亚当·耶日·恰尔托雷斯基(Adam Jerzy Czartoryski)在《回忆录》(Memoires)中写道："有人听到，在说起祖母叶卡捷琳娜大帝决定赶走自己的老师时，亚历山大一世毫不留情地批判了祖母的决定，简直是难以想象的谩骂。"[11]时间会证明这对师生之间的情谊多么真诚、坚贞。拉阿尔普为亚历山大一世制订了详细的学习计划，以尽力弥补学习计划被打断而可能造成的伤害。他还建议亚历山大一世克服天生的胆怯，尽量多接触、了解自己未来的臣民。他说，只有这样，亚历山大一世才能赢得人民的爱戴和忠诚。历史证明了他的考虑不无道理。

1796年，叶卡捷琳娜大帝突然驾崩，皇储保罗·彼得罗维奇(Paul Petrovic)即位，史称"保罗一世"。他最大的心愿是将罗曼诺夫家族的继承人培养成军人。在年轻的卫戍部队的簇拥下，亚历山大一世不仅忘记了往日的理想，还将拉阿尔普的教诲都抛诸脑后。亚历山大一世的朋友恰尔托雷斯基回忆说，在那段时间里，他曾尝试给亚历山大带来积极影响，为其引荐一些忧国忧民的有识之士。他为亚历山大一世引荐了两个年轻人：尼古拉·诺沃西利采夫(Nikolay Novosiltsev)伯爵和帕维尔·亚历山德罗维奇·斯特罗加诺夫(Pavel Alexandrovich Stroganov)伯爵。于是，在莫斯科的保罗一世的加冕礼上,这几个后来所谓"非正式委员会"的核心人物被介绍给了亚历山大一世。这两个年轻人和亚历山大一世的友谊值得费点儿笔墨,因为这直接影响了他的性格发展。

诺沃西利采夫伯爵有些迂腐,他对自己和亚历山大一世的关系过于乐观了。他很快"准备了一本被译成俄文的法兰西图书,其中充满了对即将登上皇位的年轻皇子的忠告"。像学生时代一样,亚历山大一世"认真阅读,心悦诚服"。对于这些良好影响,恰尔托雷斯基深感欣慰[12],"亚历山大一世性格中倾向于哲学和理想主义的一面正迅速苏醒"。新的友谊让亚历山大一世重拾法国大革命的政治哲学。斯特罗加诺夫伯爵是卢梭的追随者,师从哲学家吉尔贝·罗默(Gilbert Romme)。他在法国大革命恐怖时期到了巴黎,听过雅各宾俱乐部[13]危险的言论。受斯特罗加诺夫伯爵的父亲之托,诺沃西利采夫去巴黎拽回了斯特罗加诺夫伯爵这个受自由主义鼓惑的贵族青年,但诺沃西利采夫自己也被"自由、平等"的言论感染了。回到俄罗斯帝国时,他和亚历山大一世一样热衷革命。与这些见多识广的朋友在一起,亚历山大一世的耳边响起了拉阿尔普的教导——那些关于自由精神的言论再次激荡而至。

亚历山大一世执政早期的"自由主义时期"就是受到了这些友谊的影响。亚历山大一世打算和这些被称为"非正式委员会"的朋友一起,发起一次启迪民智的运动。他们首先要让俄罗斯人阅读合适的书籍。他们决定从翻译书籍开始,将官方许可的法语书籍翻译成俄语,希望潜移默化地转变未来臣民的思想，为臣民接受大刀阔斧的改革做好准备。而亚历山大一世已经迫不及待地准备迎接即将到来的统治荣耀了。在给昔日恩师拉阿尔普的信中，亚历山大一世写道："在那样的时刻，如果你能在我身边，我该多么幸福。"拉阿尔普为自己培育了这样一位开明的皇子而深感骄傲。这位在瑞士深居简出的老师，坚信共和时代已经到来，他给亚历山大一世回了一封长信，可惜信中的黄钟大吕、金科玉律，无法帮助他的学生化解保罗一世即将面对的统治危机。

在亚历山大一世和伙伴们忙着改造国内思想时，令统治者忧心忡忡的严重危机接踵而至。俄罗斯帝国宫殿里，突然再次兴起了沙皇曾在早期效仿过的拜占庭帝国宫廷的古老习俗——逼宫。一场宫廷革命为亚历山大一世登上皇位扫清了道路。从此，他可以放手去处理那些已在脑海里解决过的棘手问题了。父亲保罗一世被暗杀，亚历山大一世到底在其中扮演了什么角色？众说纷纭。可以肯定的是，他事前是知情的，而历史已基本赦免了他的罪责[14]。

虽然保罗一世和亚历山大一世作为君臣的时间很短，但保罗一世的性情和下场深刻影响了后来一手缔造了神圣同盟[15]的亚历山大一世。虽然这两位独裁者看起来并不像，但作为君主，这对父子却出奇地相似[16]：同样的慷慨大方，但又都有着近乎病态的利己主义倾向；对政府改革同样狂热，不在乎改革会伤及谁的利益；同样完全误解了"明君"的历史使命，迷信自己高尚的动机，因此有着令人费解的矛盾行为，并往往以冷酷的信

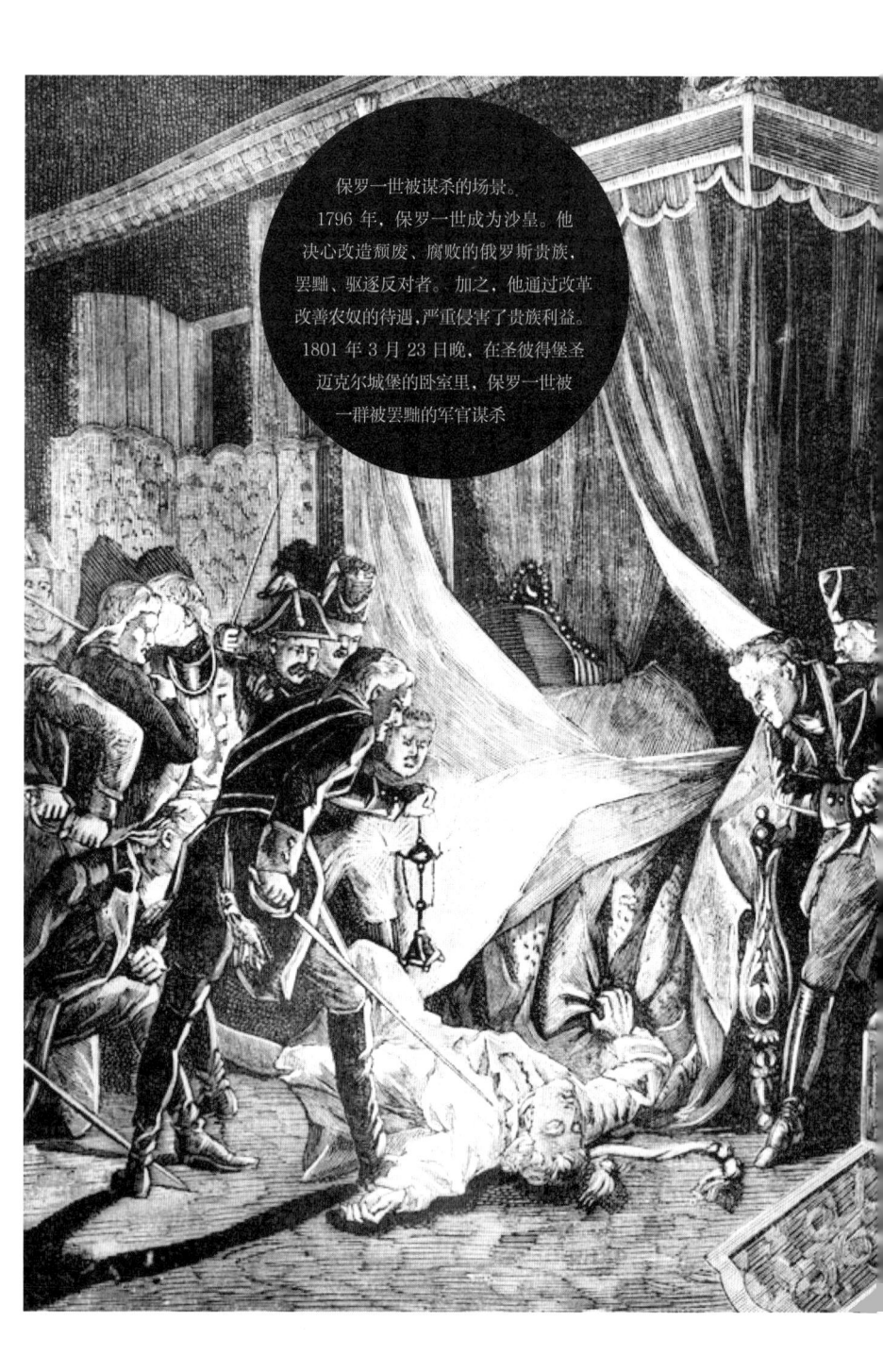

保罗一世被谋杀的场景。

1796年，保罗一世成为沙皇。他决心改造颓废、腐败的俄罗斯贵族，罢黜、驱逐反对者。加之，他通过改革改善农奴的待遇，严重侵害了贵族利益。1801年3月23日晚，在圣彼得堡圣迈克尔城堡的卧室里，保罗一世被一群被罢黜的军官谋杀

念而不是政治家的远见卓识来执行政策。

继承罗曼诺夫家族的皇位时，亚历山大一世年仅二十三岁。恰尔托雷斯基奉命到首都圣彼得堡扮演——并非担任——俄罗斯帝国首相的角色，亚历山大一世兑现了他早先许下的承诺。亚历山大一世发现自己可以倚重身边的朋友——他们绝不会吝惜鼓励和支持自己，少年时代的密友、"非正式委员会"的成员，从欧洲各地回到了圣彼得堡。当年，为了保护亚历山大一世免受自由主义思想的侵蚀，保罗一世将他们半流放似的远远驱逐。此刻，诺沃西利采夫伯爵虽然羡慕英国新颁布的宪法和自由的政治生活，但仍然急速归来。法国大革命的崇拜者斯特罗加诺夫伯爵因无限敬仰民主而踏上了向往的"民主国家之旅"，此时也调转方向返回圣彼得堡。在这些非正式的顾问中，亚历山大一世最欢迎的当然还是昔日的恩师拉阿尔普。一接到亚历山大一世的召唤，拉阿尔普就快马加鞭地从瑞士赶来[17]。

可惜的是，首先引起新政府注意的并不是"非正式委员会"朝思暮想的国内政治改革，而是一场国际危机。就在遇刺之前，保罗一世极不明智地改变了俄罗斯帝国的外交政策，与拿破仑·波拿巴(Napoleon Bonaparte)结盟，致使英国对俄罗斯帝国、瑞典王国、丹麦–挪威联合王国的所有船只实施禁运，俄罗斯帝国创立的"武装中立同盟"不得不再次恢复，以打破英国的封锁[18]。1801年2月，西印度舰队也奉命进攻墨西哥湾丹麦–挪威联合王国的属地。同时，另一个中队在海军将领海德·帕克(Hyde Parker)和霍雷肖·纳尔逊(Horatio Nelson)的率领下驶向波罗的海。虽然丹麦海军军官费舍尔（Fisher）进行了英勇抵抗，1801年4月2日，英国舰队还是在哥本哈根战役中大胜。英国开出条件，要求丹麦–挪威联合王国与俄罗斯帝国解除盟约，但丹麦–挪威联合王国信守承诺，坚定地拒绝了。得胜的英军沿着波罗的海前进，扬言要占领喀琅施塔得和圣彼得堡。

于是，刚刚登基的亚历山大一世发现自己面临着严重的国际危机。时间紧迫，他根本无暇权衡诸如"北方大国"发誓要捍卫的"中立国的权利"问题。当务之急是，他必须找到快速、可行的挽救办法来维护俄罗斯帝国的利益，保卫一攻即破的首都。

亚历山大一世同意和解，哪怕这会令他脸上无光，因为这样能换来暂时的喘息，以便全力投入势在必行的国内改革[19]。亚历山大一世对战争有着近乎生理上的反感——尽管他深受大臣们所谓"阅兵狂热"症的影响，同时他也受到了恰尔托雷斯基理想主义的和平理念的影响。[20]

在刚成为沙皇的头几周里，亚历山大一世就面临着两难的选择：要么放弃俄罗斯帝国秉持多年的"国际行动"原则，要么尊严扫地、离宫避难。这简直是命运对他的无情打击。其实，"武装中立同盟"所体现的原则是叶卡捷琳娜大帝外交政策中为数不多的能得到亚历山大一世理想主义观念认可的政策之一。因此，英国提议和谈，对亚历山大一世来说，这不啻为雪中送炭。同时，英国提议的谈判方式也吸引了他：所有利益相关的国家都派代表与会，共同解决"中立国的权利"的分歧。对于英国的这番姿态,俄罗斯帝国立即响应。俄罗斯帝国政府特意告知英国海军上将海德·帕克:新沙皇亚历山大一世热爱和平。不过,海德·帕克认为,亚历山大一世所谓"理想主义"不过是摆脱困境的借口。俄罗斯帝国要求普鲁士国王腓特烈·威廉三世(Frederick William III)撤出汉诺威,理由是"这将是当今国际道义的一大进步"。这样一来,俄罗斯帝国没有付出任何代价,就向英国表达了善意。亚历山大一世说,他这样做不仅是"为了安抚北欧国家",更是为了建立"持续的世界和平"。他衷心希望,为了实现这一崇高目标,腓特烈·威廉三世"不会为和平道路设置障碍"[21]。

1801年6月17日,"北方大国",即俄罗斯帝国、丹麦-挪威联合王国、瑞典王国、普鲁士王国,在圣彼得堡召开代表大会。会议拟定的议定书,除了旨在防止条约中形同虚设的个别条款外,其余条款都迎合了英国的主张。各国均同意:中立国旗帜不得用于运送敌方货物;即便有战舰护航,商船也不得拒绝接受登船检查。

如果斯堪的纳维亚地区的所有武装中立同盟国都将这个条约视为对该同盟的可耻背叛的话(因为有的国家甚至为捍卫它而失去了自己的舰队),那恰尔托雷斯基至少可以安慰亚历山大一世:他树立了为国际和平事业献身的贤君榜样,并使自己的首都圣彼得堡免遭侵占。

1803年,俄罗斯帝国不光彩地解除危机后不久,亚历山大一世任命恰尔托雷斯基为外交大臣,因为在俄罗斯帝国的外交事务上,恰尔托雷斯基的影响力越来越明显。虽然俄罗斯帝国与周边国家的关系堪忧,特别是与法兰西第一共和国的关系越来越疏远,但恰尔托雷斯基还是宣布了一项和平计划和一项迎合亚历山大一世野心的外交政策:

> 我坚信自己有能力使俄罗斯帝国的各种力量顺应沙皇高尚的思想。俄罗斯帝国一向追求光荣和卓越,这种追求有利于全人类。实现伟大又长远的目标,既需要持之以恒、坚持不懈的追求,也需要耐心,还需要技巧。我坚信这种追求会让俄罗斯人民骄傲。我希望沙皇能成为文明世界的和平仲裁者,保护弱小免受欺压;希望他的统治,能开创一个公平正义的欧洲政治新时代。[22]

1804年,恰尔托雷斯基担任外交大臣后不久,拿破仑下令抓走正在巴登大公国的孔代亲王路易·约瑟夫(Louis Joseph)的孙子昂吉安公爵路易·安托万(Louis Antoine)。昂吉安公爵被拖到了法国边境,经过闹剧式的军事法庭审判后,在万塞讷城堡的护城河附近被枪决。在中立国领土上公然违背国际公约,以及伴随而来的司法谋杀,激起了全欧洲的愤怒抗议。这桩本不应该发生的悲剧,令全欧洲悲痛不已。仅仅过了两个月,仍然沉浸在悲痛中的各国,就接到了拿破仑正式称帝的通告。拿破仑选择在这个时候加入欧洲君主的行列,实在是太不合时宜了。虽

1804 年 3 月 21 日，昂吉安公爵在万塞讷城堡的护城河附近被枪杀

然他从第一执政变成皇帝不过是头衔的变化,但俄罗斯帝国坚决不承认他的皇位。只有奥地利帝国和卑躬屈节的霍亨索伦王朝害怕得罪拿破仑,默认了这位在法国大革命中崛起的将军成为法兰西第一帝国的皇帝。这正是欧洲强国再度联合的好时机。沙皇亚历山大一世将承担起恰尔托雷斯基热切期望他扮演的调解人角色。通过《给诺沃西利采夫的指示》(Instructions to Novosiltzov)[23],他们对国际政治体系的各种设想和谋划终于初步形成。

在《给诺沃西利采夫的指示》成文前,1804年4月5日,恰尔托雷斯基发表了意见书,详细阐述了亚历山大一世对"肆意践踏国际法准则的政府"的态度,并对俄罗斯帝国和其他强国应如何"谴责和报复"这种行为作了大量论述。[24]恰尔托雷斯基和亚历山大一世都认为,英俄之间的初步谅解为国际合作和联合对抗法兰西第一帝国霸权的成功提供了最可靠的保障。1804年9月,亚历山大一世打算向英国内阁提交一个方案,这个方案不仅包括即将采取的军事行动,还包括最终如何合理应对整个外交局势。强国之间的相互理解是建立更广泛联合的基础,事实上,这也是遏制拿破仑野心的唯一手段。

《给诺沃西利采夫的指示》便体现了这个方案的框架。它一直深藏在俄罗斯帝国外交部的档案里,直到恰尔托雷斯基的回忆录公开出版,它才首次完整地公之于众。此前,公众对它的了解仅限于德米特里·塔季谢夫(Dmitry Tatistcheff)对它的部分引用,以及英国首相小威廉·皮特(William Pitt the Younger)对它的答复。出于政治原因，小威廉·皮特与亚历山大一世的口吻高度一致。[25]

《给诺沃西利采夫的指示》开篇即力陈在国际事务中，舆论的力量与日俱增。

目前，法兰西第一帝国不断挥舞的恐吓四邻的利器，就是法兰西第一帝国说服人民的方式，也使法兰西人民相信法兰西第一帝国是在为全世界争取自由和繁荣。

亚历山大一世寻求与英国形成"道义上的同盟"，但提出了一个先决条件：英国必须支持建立新秩序，即以"民族自决"为原则的欧洲重建。撒丁国王卡洛·埃马努埃莱四世（Carlo Emanuele IV）被拿破仑非法剥夺了王位，其王位应得到恢复。同时，卡洛·埃马努埃莱四世必须向人民承诺制定自由公正的宪法，承认瑞士王国的中立对维持欧洲和平不可或缺。在恢复荷兰王国的主权问题上，"民族自决"这个现代理论得到了体现："建立何种形式的政府，必须考虑这个国家人民的意愿。"

《给诺沃西利采夫的指示》中的一段话，涉及英、俄同盟应对法兰西第一帝国采取何种态度，如今看来这也很重要：

> 现在我要谈谈，我们必须用怎样的语言来与法兰西人民对话。我们虽然将自己的意志强加给法兰西人民，但要通过公正、仁慈和宽容的原则让他们相信，英俄同盟做出的承诺是可靠的。之后，我们必须声明，我们宣战的对象不是法兰西民族而是法兰西独裁政府，就像对待任何欧洲独裁政府那样。[26]

在亚历山大一世的计划中，丝毫没有提及他要建立一个超级极权主义国家(18世纪的哲学家视之为解决国际弊病的良药)，也没有表现出要干预邻国内政的意思(这一政策后来导致立宪大国极为痛恨神圣同盟的主张)。[27]

或许，以下才是《给诺沃西利采夫的指示》的核心部分。在对历史上的人类组织方式进行短暂研究后，亚历山大一世找到了一个保障欧洲国家长久和平的方法：建立国际联盟，制订盟约。国际联盟的指导原则，即国际法的指导原则，以国际调停代替战争：

> 既然已经和平了，我看不出有任何障碍能阻挡我们达成一个更广泛的和平条约，使之成为欧洲各国交往的基础。我相信，如果没有个别国家之间签订的、将其他国家排斥在外的和平条约的干扰，一个广泛的和平条约一定会在适当的时机产生，并且英国和俄罗斯帝国将为之全力以赴。
>
> 早在签署《威斯特伐利亚和约》(Treaty of Westphalia)时，就有人提出过类似的设想。当时，由于政治危机紧迫和一些更重要的原因，不允许这种设想的推进，不过，很长时间以来，《威斯特伐利亚和约》已经成为很多国家的外交基础。欧洲各国签订共同和平条约的条件已经成熟。虽然我们无法保证永久和平，但如果和平条约能够明确地体现并清晰地阐述国际法的原则和

规定,那么和平的进程将被大大推进。为什么我们不能制定一部国际法,来保障中立国的权利,保证在第三方全力斡旋前绝不发动战争呢?在通过恰当的方式审视了双方的不当之处后,调停者难道会故意让战火重燃吗?只有贯彻共同遵守的原则,真正持久的和平才有望实现。

有趣的是,是否要加入这个被倡议建立的"和平同盟",由各国自愿决定。显然,亚历山大一世认为加入和平同盟的好处显而易见,欧洲所有文明国家必然了然于胸,心向往之:

> 显然,各国各自为政是危险的。在经历孤立主义所带来的各种弊端和困扰后,相信大部分国家都有意愿加入和平同盟。它不但能确保各国的外部安宁,还能确保各个国家内部的稳定,特别是对小国有利。

亚历山大一世甚至考虑了具体操作的问题。《给诺沃西利采夫的指示》中有一段基于政治、地理、战略与经济来划分国界的论述,非常有趣:

> 为实现我们的目标,有必要确定每个独立国家的边界。遵照自然地势划分国界不失为一个不错的选择,比如山脉、海洋的划界等。最后,我们要保证各国有适

当的途径以交换其物产和商品。一个国家最好由同一民族自愿集合而成,由民族自决的政府来治理。

最后,鉴于"欧洲均势"的传统和一直困扰欧洲的少数民族问题,亚历山大一世提出了一个惊人的解决方法——让小部落组成邦联,以获得足以抗衡周边大国的实力:

> 几百年来,欧洲纷争不断,这都是因为我们没能建立势力均衡的体系。要断定"欧洲均势"体系究竟能为欧洲的和平开创多大局面,现在言之过早,还要看有哪些国家加入,以及局势的自然发展。不过,可以肯定的是,必须加强中等国家的力量,使它们至少在保护国或者盟国能够为其提供支援之前,有能力保护自己。同理,较小国家的存在不利于我们和平目标的实现,因为这些毫无抵抗力的小国,只会诱惑那些野心勃勃的大国去占领它们。改变这一局面的办法,就是使它们联合起来成为大国或组成某种形式的联邦同盟。

俄奥联军在奥斯特利茨战役的失利,致使《给诺沃西利采夫的指示》倡导的原则推迟了近十年才实施,但亚历山大一世坚信,正是在他所倡导的原则基础上,才有了第三次反法同盟宣誓的目标:全面解决欧洲问题。实际上,英国非常赞同亚历山大一世的提议。

对于《给诺沃西利采夫的指示》，英国首相小威廉·皮特是这样回应的(1805年5月15日公布)：

> 沙皇亚历山大一世始终努力实现三个目标：第一，解放自法国大革命以来被法兰西军队占领的国家，迫使法兰西军队退回到大革命前的边界。第二，保证从法兰西第一帝国奴役中解放出来的国家获得持续的和平与幸福，并使它们进一步成为抵御法兰西军队进攻的屏障。第三，签订条约，大国互相保证彼此的安全，在整个欧洲建立普遍实施的公法。如果在欧洲恢复和平的同时，却没能制定出旨在确立欧洲体系的措施，国王陛下会认为这一崇高的计划是不完整的。在实现和平的同时，欧洲所有大国应达成共识签订一个条约，确认各国目前的领土。为此，大国必须互相支持，反对一切破坏安定和侵犯主权的行为。这个条约将保证欧洲具有一套通行的法律，从而最大限度地遏制破坏欧洲和平的行为。[28]

除了蒂尔西特联盟的不稳定时期外，亚历山大一世和拿破仑之间旷日持久的斗争在诺沃西利夫担任外交大臣后持续了十多年，阿尔贝·索雷尔[29]和亚历山大·旺达尔[30]在得到很多研究者无法获得的档案后，对这段外交史作了深入研究，发现并认真诠释了这段重要时期的相关史实。然而，在他们的历史著作中，被征服者拿破仑的光芒比征服者亚历山大一世的还耀眼。对法兰西第一帝国的热情蒙蔽了两位作者，使他们忽视了导致法兰西第一帝国覆亡的一个因素。如今看来，这个因素至关重要，即亚历山大一世反复强调建立和平组织和欧洲体系在反法联盟赢得胜利中的作用。毫无疑问，在说服维也纳、斯德哥尔摩和柏林的政权参加欧洲共同防御拿破仑军队的过程中，亚历山大一世反复抛出欧洲重建计划。然而，最终只有亚历山大一世和英国国王乔治三世签订了《英俄同盟条约》(Treaty of Concert)。亚历山大一世依然坚信自己正在完成一项国际使命，正在成为全世界的军事领袖。[31]1805年，随着奥斯特利茨战役失利，第三次反法同盟失败。亚历山大一世因疲于应付最伟大的"政治现实主义者"拿破仑及其高奏凯歌的军队而无法捍卫自己在《给诺沃西利采夫的指示》中表达的国际理想主义。即便在这种情形下，亚历山大一世仍然坚持欧洲大团结的理想。在第四次反法同盟期间，俄军之所以在1807年的弗里德兰战役中惨败，是因为亚历山大一世对普鲁士国王腓特烈·威廉三世讲义气，一心想使对方免于承受太晚加入反法同盟的后果。

拿破仑已经将一把尖刀顶在了俄罗斯帝国的胸口上。他在蒂尔西特迫使俄罗斯帝国订下"城下之盟"，俄罗斯帝国被迫再次加入了法兰西第一帝国的"大陆封锁"。亚历山大一世不禁回想起，拿破仑当初是如何利用父亲保罗一世病态的虚荣心来让俄罗斯帝国和法兰西第一共和国结盟的。[32]《蒂尔西特条约》(Peace of Tilsit)彻底背离了亚历山大一世此前宣称的所有原则[33]，是一种机会主义政策。《蒂尔西特条约》支持俄罗斯帝国"染指"芬兰，重新划定奥斯曼帝国和俄罗斯帝国的边界。这不过是给俄罗斯帝国的蝇头小利罢了。在亚历山大一世陷入严重军事危机时，法兰西第一帝国给了他一个机会，让他重拾叶卡捷琳娜大帝的帝国主义政策[34]，而在这之前，俄罗斯帝国宫廷中的保守派一直指责他背弃了这一政策。然而，从一开始，俄罗斯帝国和法兰西第一帝国在蒂尔西特缔结的同盟就有名无实。事实上，虽然亚历山大一世和拿破仑互相承诺、相互恭维，但两国的外交官员始终在斗争，双方既没有停战的意愿，也没有共同利益可以促使两国停战。除了将两个君主的利益短暂捆绑在一起几个月，《蒂尔西特条约》从来没有真正发挥过应有的作用。亚历山大一世和拿破仑之间著名的涅曼河会晤后，不到一年，亚历山大一世就和拿破仑奸诈的政敌——刚刚辞去法兰西外交大臣职务的夏尔·莫里斯·德·塔列朗-佩里戈尔(Charles Maurice de Talleyrand-Périgord，即塔列朗)——在埃尔福特会晤，这说明亚历山大一世早已准备背弃法俄"同盟"。[35]经过三年的欺骗和外交逃避，亚历山大一世兴高采烈地放弃了与拿破仑瓜分欧洲的计划，恢复了此前与英国首相小威廉·皮特的双边谈判。1812年，亚历山大一世向新盟友、拿破仑从前的大将、瑞典王国王储让-巴蒂斯特·贝尔纳多特(Jean-Baptiste Bernadotte)保证，英国和俄罗斯帝国的共同任务是"在欧洲恢复自由主义的统治，挽救正在滑向野蛮深渊的欧洲"。[36]

至于法兰西大军如何入侵俄罗斯帝国，俄罗斯人如何在冬季来临之际火烧莫斯科，迫使法军无奈撤退，最终重创法军，这些细节与本章作为引言的主旨不符，因此不再赘述。我们只要清楚一点即可：从一开始，亚历山大一世就忙着思考如何让当前的军事胜利成为下一段国际征程的起点。亚历山大一世绕过政府，直接向人民呼吁，并且警告他们的统治者们，如果继续卑鄙地坚持邦联制度，那就必须要倾听人民的呼声。联合俄罗斯帝国与普鲁士王国的《卡利什条约》(Treaty of Kalisch)，是与德意志人民签订的，不是与其统治者签订的。

随着一系列事先商议好的政治、军事协议的签订，第六次反法同盟正逐步形成并巩固发展，三国于1813年6月14日和15日签订了《赖兴巴赫条约》，它是影响整个欧洲未来命运的大体系中的第二个环节，这些条约标志着英国、俄罗斯帝国和普鲁士王国正式结盟，第六次反法同盟形成了。在《赖兴巴赫条约》中，英国重申了自己的欧洲大陆政策，慷慨出资，加强了与盟国的合作。英国首相小威廉·皮特承诺支付俄军和普鲁士军队巨额费用，但同时重申了亚历山大一世之前的提议，禁止欧洲各国单独与法兰西第一帝国谈判。《赖兴巴赫条约》的前两项条款明确规定，收复"被法兰西第一帝国占领的德意志领土是我们的共同目标"。1813年9月9日，根据《托普利茨条约》，奥地利帝国也加入了第六次反法同盟。1813年10月的莱比锡"民族大会战"决定了拿破仑的军事命运。外交时代即将开启。[37]

莱比锡战役后，就连反法联军总司令奥地利亲王卡尔·菲利普·施瓦岑贝格 (Karl Philipp Schwarzenberg) 也认为，这是军事上可获得的最大成果。"大家都这么认为，除了亚历山大一世！"这位奥地利军事家面对亚历山大一世誓与法兰西军队奋战到底的决心，已经震惊得不知道用什么词来描述了。亚历山大一世认为，如果没有一场全面胜利，自己一心想建立的世界和平将是海市蜃楼。于是，反法联军继续向巴黎挺进。"军队缓慢而艰难地向前推进，外交官交头接耳，谋划着什么。"[38]在沙蒂永，拿破仑要求和谈。随着各国开始图谋私利，矛盾再次爆发。[39]显然，要让反法同盟内部达成一致，其难度不亚于推翻拿破仑的统治。很快，在蒙米拉伊战役和蒂耶里堡战役中，法兰西军队获胜。于是，反法同盟的成员国暂时搁置了分歧。然而遗憾的是，在奥布河畔阿尔西战役和费尔尚普努瓦斯战役中，反法联军再度与法兰西军队势均力敌，反法同盟内部又吵得不可开交。

沙蒂永和谈俨然就是一场闹剧，剧情十分拙劣。拿破仑谈判的态度随着其军事处境的变化而变化，时而真心，时而假意。直到1814年2月17日，反法联军的和谈条件才最终确定，并且故意让法兰西第一帝国越来越难以接受。在拉罗蒂耶尔战役中，法兰西军队惨败，拿破仑立即授权自己的代表"做出最大限度的让步"。然而，接下来的几场小胜仗又让拿破仑信心满满，拒绝接受反法联军的和谈条件。[40]

拿破仑的使者阿尔芒·德·科兰古 (Armand de Caulaincourt) 将军发现，这次和谈比以往任何一次都艰难，因为在沙蒂永和谈中，反法同盟国团结一致，服从"统一的命令与指挥"，努力争取共同利益。[41]

1814年3月10日签署的《肖蒙条约》正式确定了欧洲大国统一行动的原则。《肖蒙条约》标志着欧洲政治体系的新开端。莱比锡战役后，所有反法同盟国虽然均在同一份文件上签字，但尚未形成正式联盟，只有一系列复杂的军政草案、条约，如《赖兴巴赫条约》和《托普利茨条约》。这些文件主要针对"欧洲敌人"的军事行动，而对今后欧洲政治联盟格局仅作了隐约的暗示。当最终的和平谈判迫在眉睫时，构建对所有反法同盟国都有约束力的政策共识，显得十分必要。[42]

1814年3月1日，签订《肖蒙条约》的提议被正式提出。《肖蒙条约》的序文声明如下：

> 各缔约国已经向法兰西第一帝国政府提交了缔结全面和平的条款，如果法兰西第一帝国政府拒不接受，希望各缔约国能继续加强团结，积极应对，终结欧洲不幸的战争。[43]

开宗明义后，《肖蒙条约》继而阐明其目的是"恢复大国之间的均势，以确保欧洲今后的安宁"。条约还明确规定了英国应该支付的补贴，其中第五条重申：

> 与法兰西第一帝国缔结条约后，各国必须采取防御措施，保护各自在欧洲的领土，以消灭法兰西第一

帝国破坏本次和谈成果的一切企图。

这俨然就是亚历山大一世长期呼吁的"相互保障领土"原则。然而，为暂时避免同盟国之间的纷争，《肖蒙条约》故意含糊其辞，只称"欧洲秩序是大家努力的可喜成果"。

当然，一些重大原则还是落字为据。《肖蒙条约》规定：提升瑞士联邦的地位，使其成为一个独立国家；将西班牙王国归还给波旁王朝；德意志一众邦国成立邦联。《肖蒙条约》还进一步规定，以上规定必须通过"和平干预"的手段来实施；如果未能成功，则需要组织国际联合部队，每个缔约国出兵六万。

由此可见，《肖蒙条约》落实了《托普利茨条约》确定的政策。除了规定反法措施，《肖蒙条约》还为未来欧洲协调机制提供了条约基础。后来，在1815年的巴黎和会和1818年的亚琛会议上，欧洲协调机制被重申并正式确立，成为"欧洲体系"的基础，且在1848年之前一直是欧洲外交的基石。

然而，与之前的条约相比，《肖蒙条约》的措辞有了明显变化。相比之下，亚历山大一世在卡利什发表的公告充满了豪情。他对"欧洲人民"的提醒和呼吁，洋溢着自由主义思想。欧洲外交官不会在任何一个正式协议中找到以成立"基于公法新概念"的联盟来维持欧洲和平的条款，俄罗斯帝国使者诺沃西利采夫曾和英国首相小威廉·皮特讨论过这一点。《肖蒙条约》完全是欧洲各国相互竞争、制衡的结果。在涉及容易引起争议的问题时，《肖蒙条约》刻意用语含糊，而这恰恰是其力量所在，在未来将会发挥巨大作用。波兰问题和拿破仑的继承者问题，都被暂时搁置，而"欧洲均势"原则得到了明确保障(第十六条)，在未来二十年甚至更长的时间里都不会动摇。《肖蒙条约》虽然主要针对的是法兰西第一帝国——这个破坏欧洲平衡的始作俑者，但其条款足够宽泛，足以把"欧洲均势"原则提升到一个伟大的欧洲原则的级别。

总体上，《肖蒙条约》巩固了各国团结，而大国团结一致正是亚历山大一世越来越坚持的外交原则，所以他很满意《肖蒙条约》。不过，在整个谈判过程中起主导作用的，一直是英国外交大臣卡斯尔雷子爵罗伯特·斯图尔特 (Robert Stewart)。谈判伊始，他就态度鲜明，显然是获得了英国政府的明确指示，反映出英国对其大陆政策所施加的限制。卡斯尔雷子爵称："《肖蒙条约》不会随着战争的终止而失效，它将会明确欧洲共同防御措施，以保证任何一个缔约国在受到法兰西第一帝国攻击时，都能得到其他国家的救援。法兰西第一帝国一旦入侵欧洲任何一个缔约国，都将被视为是对所有缔约国的攻击。"[44]英国政府这种"有所保留"的联盟政策的逐步出台，最终破坏了亚历山大一世的"欧洲无条件联盟"的理想框架。英国决意不参与欧洲大陆的内部纷争，鉴于此，亚历山大一世很快提出了一个国际行动计划，要求各国承担维护欧洲团结的义务。只可惜，这个在《神圣同盟盟约》中无比神圣的团结原则，最终却与亚历山大一世当初的理想主义构想背道而驰。

1814年3月30日，在普鲁士国王腓特烈·威廉三世的陪同下，沙皇亚历山大一世以胜利者的姿态进入巴黎。几天后，拿破仑·波拿巴签署了退位诏书。[45]签订第一份《巴黎条约》前夕,即1814年4月23日,各国签署了一个公约,其中的一个核心条款后来成了《巴黎条约》[46]的基石——该条款要求法兰西第一帝国退回到1792年1月1日时的疆界。这意味着除了莱茵邦联的个别区域,法兰西第一共和国和法兰西第一帝国时代占领的所有土地都要退还。

拿破仑退位后,在外交政策上,复辟的波旁王朝遵循"往事不提"的原则。亚历山大一世参观巴黎铸币厂时,法兰西王国特地为其打造了一枚勋章,上面写着"致欧洲和平的再造者",勋章背面精雕着法兰西王国的国徽和"纪念1814年4月法兰西王国加入欧洲大联盟"的字样。[47]然而,这两句铭文要在几个月之后才具有现实意义。其实,《巴黎条约》附加的秘密条款已然明确了反法同盟国对法兰西王国的政策。[48]其中规定:

> 根据《巴黎条约》第三条规定,对于法国放弃的领土的归属,将在维也纳会议上,由反法同盟国共同讨论决定。这必将产生真正和持久的欧洲均衡。

虽然反法同盟国一再强调,《巴黎条约》旨在"消除过去一切不幸所造成的伤痛"[49],但实际上,每一条都展示的是战胜国在惩罚颓然欲倒的敌人。

除了已经通过《托普利茨条约》和《肖蒙条约》结为同盟的国家,西班牙王国、葡萄牙王国和瑞典联邦也受邀签署《巴

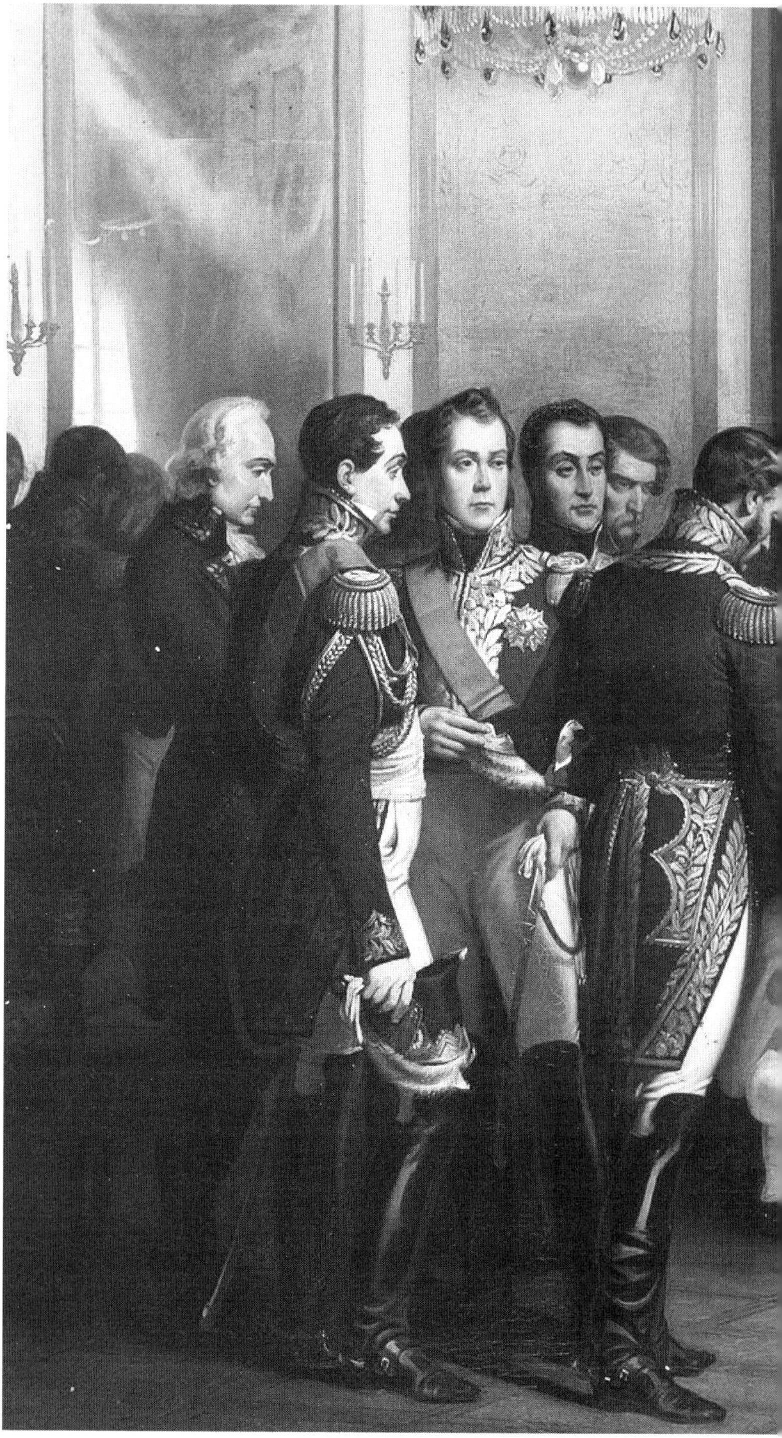

1814年4月13日,拿破仑在枫丹白露签署退位诏书

黎条约》——尽管它们都曾背弃亚历山大一世一再呼吁的"联合行动"原则,与法兰西第一帝国单独议和。通过这几个条约,欧洲的八个主要大国基本达成一致,希望再找到一个军事上处于弱势的国家加入。亚历山大一世认为欧洲联盟的基础已经打好了,各国的君主及其代表,带着会议的成果先后回国了。此时,反法战争早期的国际团结精神,似乎再次将反法同盟国凝聚在一起。然而,历史学家阿尔贝·索雷尔（Albert Sorel）一语道破天机:"所有重要的事情都只是被暂时搁置了,等到维也纳会议再议。"[50]

维也纳会议如期开幕了,场面十分壮观。不仅有二百一十六个外交使团（几乎代表欧洲所有基督教大国）[51]参加了这场"国际盛会",还有四位国王和两位皇帝亲自到会。文明世界都在拭目以待,看这些国家首脑齐聚一堂要做出怎样的决定。为了让谈判不那么单调,也为了不让跟随君主的下属以及他们的夫人无聊,各种舞会、狂欢和联赛轮番上演。[52]

没有人比亚历山大一世这个理想主义者更热切地期待着维也纳会议的召开。圣彼得堡的短暂停留使他确信,自己不仅是俄罗斯帝国的合法君主,更是子民拥戴的领袖[53]——特别是当他得知,庞大的帝国上上下下都对其亲自参加维也纳会议表示赞许。亚历山大一世更坚信,欧洲战火得以平息,俄罗斯帝国功不可没。欧洲欠他如此大的人情,必然会推举他为谈判的主导,由他出面开创永久的和平局面。[54]

陪同亚历山大一世前往维也纳的是俄罗斯帝国一整套外

交班底。在信中，普鲁士外交家弗里德里希·冯·根茨 (Friedrich von Gentz) 批评亚历山大一世把训练有素、经验丰富的外交人员丢在一旁，打算自己亲自出面谈判。亚历山大一世执意绕过中间人，亲自参与谈判，引发了其与俄罗斯帝国大元帅彼得·亚历山德罗维奇·托尔斯泰 (Pyotr Alexandrovich Tolstoy) 伯爵的争执。"他仗着自己与亚历山大一世关系亲密，反对其亲自谈判，因为他认为这样极不体面。诸如此类的批评伤害了亚历山大一世。亚历山大一世决定与大元帅托尔斯泰伯爵分道扬镳。"[55]然而，亚历山大一世很快就会后悔没听取谋臣的良言。没有了中间人作为缓冲，他需要在各国激烈的争论中迅速作决定，这对他很不利。自命不凡、拒不遵守外交惯例，导致亚历山大一世不止一次地陷入被动。还有一事同样令人不安，他过于轻信私交，如听信恰尔托雷斯基、安东尼奥·拉阿尔普等人的建议，而忽视俄罗斯帝国历来倚重的正规信息渠道和专业顾问。[56]

关于维也纳会议的谈判，曾有许多学者详细研究过大量资料，如法兰西代表塔列朗和奥地利代表梅特涅的回忆录。鉴于本章的写作意图，我们仅讨论维也纳会议对建立国际会议体系的作用和对建立"维也纳体系"的划时代意义。欧洲大联盟的成员国不愿意看到新势力加入谈判，它们希望维也纳会议是反法同盟国之间的一次协商会。直到1814年11月1日，也就是各国代表汇聚一堂一个月后，梅特涅仍然称"议会不像议会，委员会也没有委员会的样子"。在他看来，维也纳会议唯一的作用是"把欧洲分裂的各国齐聚在一起"。[57]

维也纳会议与会代表

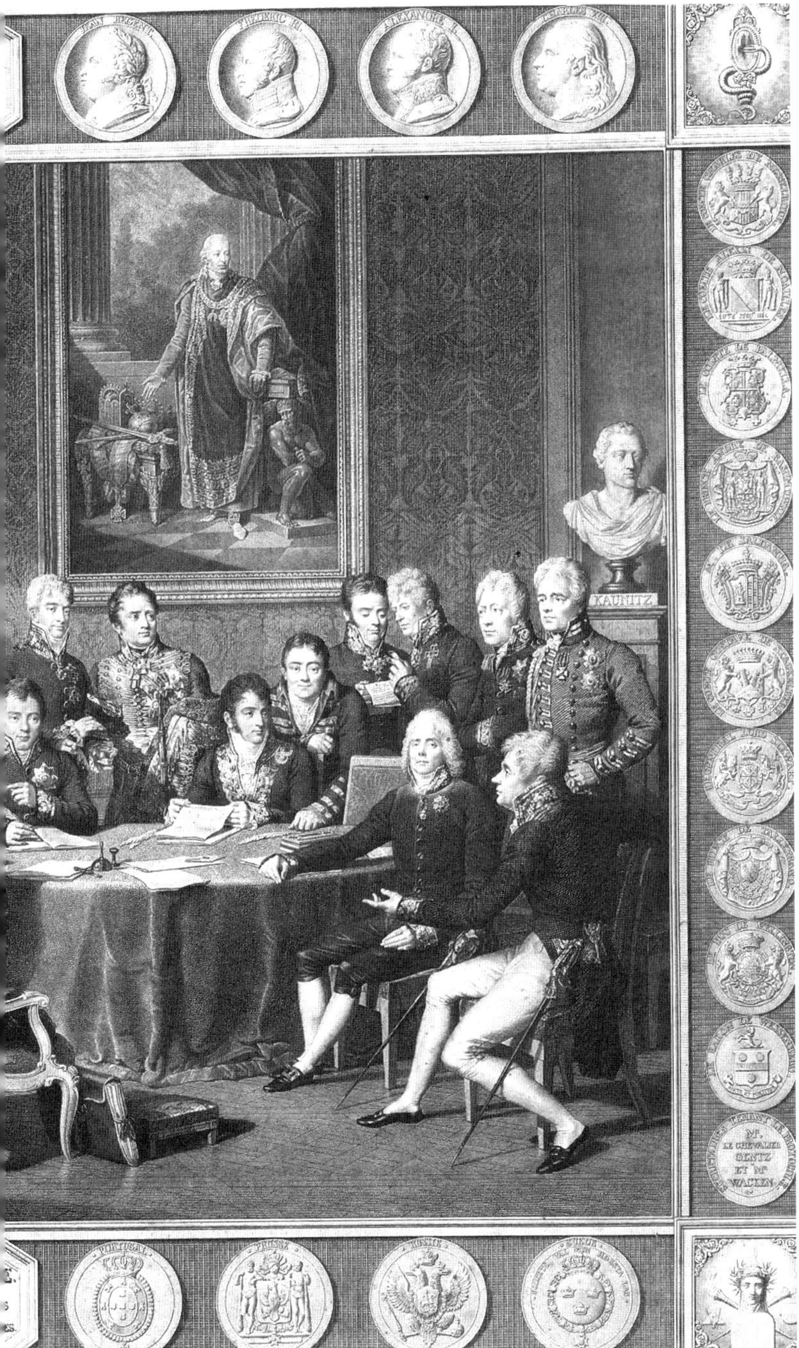
KAUNITZ
M^r.
LE CHEVALIER
GENTZ
ET M^r.
WACKEN

仅仅几天后，奥地利外交大臣梅特涅就声称：维也纳会议的言论吓到普鲁士人了，他认为最好等相关原则性问题达成一致后，再召开全体会议。[58]换言之，他认为这场"意义重大的欧洲会议"的使命，只是正式确认一下反法同盟对战利品的瓜分。

亚历山大一世的意图从一开始就饱受质疑。他的政策听起来很奇怪——混合着国际理想主义和俄罗斯帝国的实用主义；动听的辞藻背后，显然是凭借军事优势攫取利益的算计。他一再重申："我图的不过是一个机会，以弥补叶卡捷琳娜大帝犯下的罪行。"这话虽然令人感动，但多少有点儿故作姿态。他打算通过把被赋予自由宪法的华沙大公国纳入俄罗斯帝国的统治范围，进而恢复古老的波兰王国。[59]然而，英国和奥地利帝国坚决反对任何可能导致俄罗斯帝国和普鲁士王国联合成为欧洲一霸的领土变更。英国和奥地利帝国希望波兰能继续作为东欧、西欧的缓冲地带。

亚历山大一世坚信自己对欧洲恩重如山，欧洲势必答谢自己为反法同盟事业做出的牺牲。然而，在阐明要求后，他发现自己面对的是众口一词的反对之声。此后是一场接一场的私人会晤，每次都不欢而散。到处是流言蜚语，有人说亚历山大一世和梅特涅会谈时盛气凌人，[60]这位奥地利外交官则回以貌似不失礼，实则不无蔑视的答对。1814年10月1日，英国外交大臣卡斯尔雷子爵致信亚历山大一世，明确反对亚历山大一世对华沙大公国的意图。这导致了一场针锋相对的论战。恰尔托雷斯基受命为"波兰复国的权利"辩护。波兰复国的理念恰好与《给诺沃西利采夫的指示》的主要精神相符。这场以私人信函形式进行的不同寻常的大辩论,以亚历山大一世怒不可遏、拒绝继续谈判终结。[61]事实证明,君主"亲自参与谈判"的后果,被托尔斯泰伯爵不幸言中。

此前因利益纠葛和野心欲望而吵翻的各国,此时又开始重新呼吁团结,呼吁塔列朗著名的"正统主义"。各国的利益纠葛使局面变得异常复杂,似乎只能靠"正统主义"原则取得共识了。亚历山大一世有军事实力撑腰,而卡斯尔雷子爵之所以不便公开打压亚历山大一世的气焰,其中一个重要原因是英国政府正陷入与美国旷日持久的战争,力有不逮。[62]1814年12月24日,与美国签订《根特条约》(Treaty of Ghent)后,英国政府在军事上有了余力。卡斯尔雷子爵立即宣布,支持法兰西外交大臣塔列朗的结盟提议。塔列朗很满意地完成了他长期以来希望法兰西王国、奥地利帝国与英国秘密结盟的愿望(1815年1月)。

仅仅几周前,法兰西王国还战战兢兢,准备任由欧洲各国惩罚自己,现在却突然发现,它杰出的外交人才已经将原本联合起来反对自己的奥地利帝国和英国,变成了自己的战友,正式和自己秘密结盟,以阻止另外两个同盟国——俄罗斯帝国、普鲁士王国——"最近暴露得相当明确的企图"[63]。结盟条约称:愿上帝保佑,但如果有不幸的状况发生,英国、奥地利帝国和法兰西王国同意联合起来,维护《巴黎条约》制定的原则。[64]

这时,拿破仑从厄尔巴岛重返巴黎,反法同盟国之间你争我吵的局面暂时缓和了。《肖蒙条约》确立的原则被重申,欧洲各国纷纷发表声明,谴责拿破仑背叛了全欧洲的共同事业。[65]很快,拿破仑的"百日王朝"被推翻,反法同盟国与法兰西王国陷入了一种不清不楚、十分尴尬的关系。有种观点认为,波旁王朝应该为他们未能证明"正统统治"的好处而负责。此外,在维也纳会议上,各国的矛盾暴露无遗,反法同盟被严重分化。法兰西王国、奥地利帝国、英国之间的秘密结盟条约,被仓皇出逃的法兰西国王路易十八(Louis XVIII)忘了个精光,却被亚历山大一世获悉了。亚历山大一世虽然明知波旁王朝两面三刀,但还是倾向于对法兰西王国从宽处理,因为此时一种神秘的虔诚在指导着他行事。可惜,同盟各国认为这纯属是他的自我标榜,而这种虔诚促成了缔结神圣同盟的谈判。不过,在滑铁卢战役中,俄军作用甚微,亚历山大一世感觉自己的威望明显降低了。

普鲁士王国要求十二亿法郎的战争赔款,但在同盟国授意它占领卢森堡后,便同意减少赔款金额。同时,法兰西王国外交大臣塔列朗被解职也缓解了局势。黎塞留公爵阿尔芒-埃马纽埃尔·德·普莱西(Armand Emmanuel du Plessis)作为同盟国都能接受的人选,接任了法兰西外交大臣一职。1815年11月20日,第二份《巴黎条约》正式签署了。[66]

就在同一天,对确立"维也纳体系"至关重要的《四国同盟条约》(Treaty of Alliance),在奥地利帝国、俄罗斯帝国、英国(以及普鲁士王国)之间签署。[67]其中有一个重要条款:

第六条 为保证条约的执行、以及维持四位君主之间密切友好的关系，缔约国君主同意定期会晤，或派代表举行会议，协商各国的共同目标及审议那些被认为对欧洲的和平与繁荣最有益的措施。[68]

此前，亚历山大一世要求拟定一项条款，以体现同盟国家持久团结、亲密无间的决心。但英国内阁一直兴趣不大，不愿意加入任何没有具体时限的"欧洲行动"，甚至不愿意无限期支持《肖蒙条约》和《维也纳条约》所确立的原则。在亚历山大一世拟定的条款基础上，卡斯尔雷子爵作了修改，制定出了更易于英国内阁接受的，上文所引用的"第六条"。[69]

《四国同盟条约》和第二份《巴黎条约》都没有提到俄罗斯帝国、奥地利帝国、普鲁士王国于1815年9月26日签订的条约，即后世所说的《神圣同盟盟约》。亚历山大一世的神圣同盟宣言究竟有何意义，以及它与"维也纳体系"的关系，还有待我们去认识。

如果当初亚历山大一世满足于成为拿破仑的征服者，其美名可能会长久流传。但在维也纳会议的谈判中，亚历山大一世多次表现出理想主义者不切实际的幻想，其结果令人遗憾。正如皮埃尔·雷恩(Pierre Rain)所说：

长久以来，一直闪耀在亚历山大一世头顶上的胜利者的光环，在维也纳会议期间，终于变得暗淡了。他作为征服者来到维也纳，打算在神圣罗马帝国的故都

1815年2月26日，拿破仑离开厄尔巴岛

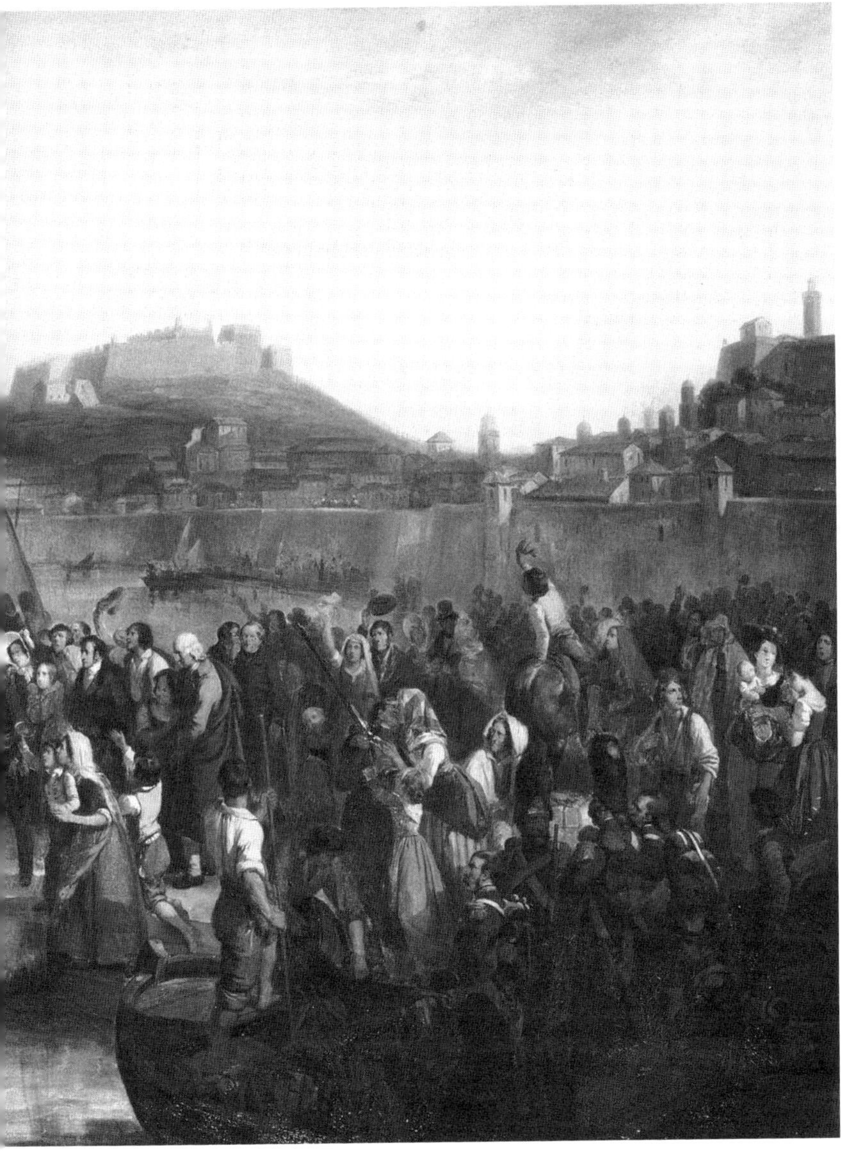

继续扮演他自反法同盟开始就一直在扮演的角色——欧洲的仲裁者。让人没想到的是，只有在贵妇中间、沙龙上，他才得偿所愿；在会议上，他得到的只有糊弄和轻慢。[70] 他那点儿外交本事，梅特涅早就了如指掌。亚历山大一世发现自己毕生的梦想遭到最亲密顾问的反对和误解，即便在最有利的局面下也无法实现。[71]

虽然亚历山大一世已在《给诺沃西利采夫的指示》中首次提出了有关建立国际组织、"欧洲协调机制"的构想，而《肖蒙条约》之前的一系列军事条约也已经体现了这些构想，但就在他打算于国际会议上正式实施这些主张，在列位君主面前展示自己有关"欧洲协调机制"的宏图时，拿破仑杀了回来，扰乱了他为实施波兰王国复国计划而展开的外交斡旋。亚历山大一世和他的军队离开了维也纳，失去了详细阐述自己国际行动计划的最佳时机。在维也纳会议即将落幕的最后几天里，由普鲁士外交家根茨起草、奥地利外交大臣梅特涅修订的《最后议定书》得以通过。至此，冰冷的"现实政治"体系完胜。

关于维也纳会议期间发生的状况，亚历山大一世后来曾在给朋友戈利岑[72]的信中谈及。从中我们可以看到，亚历山大一世渴望齐聚在维也纳的各国代表能够明确认可自己努力推崇的原则，因为他已经意识到，要为全面和平条约奠定基础，再没有比维也纳会议更好的机会了——他的判断并非没有道理。

这封落款时间为1822年2月15日的信，非常有趣——亚历山大一世自述了神圣同盟的由来：

> ……你让我回归自己以前的主张，回到我前往维也纳之前的主张。言下之意是，去维也纳后我改变了想法。我不知道你所说的我的新主张是指什么？你是指我在1814年维也纳会议上倡导的政策吗？你可能忘了神圣同盟的计划早就已经在我的脑海中成形了，我多次告诉过你，它将是我在维也纳会议上最引以为傲的成绩。只是因为拿破仑从厄尔巴岛逃回来了，我们才不得不离开维也纳，不得不推迟这个计划，直到在上帝的帮助下我们再次终结了拿破仑所带来的祸患。拿破仑第二次在巴黎被打败时，上帝终于给了我实施这个计划的机会。从维也纳会议一开始，我就渴望实施这个计划，并做了书面记录。一回到圣彼得堡，我就起草了宣言。1816年1月1日，我便将之公布于众……[73]

1815年9月初，亚历山大一世决定，向盟友展示一下俄罗斯帝国训练有素的军队，以显示其强大的军事实力，[74]当然也想借此挽回俄罗斯军队因缺席辉煌的滑铁卢战役而大大受损的威望。在靠近沙隆的韦尔蒂平原上，俄罗斯帝国进行了声势浩大的阅兵。亚历山大一世想以这样的场面作为序曲，进而大张旗鼓地推出自己政治生涯中最重要的举措——成立以正义、仁慈、和平为宗旨的神圣同盟。

1815年9月10日，亚历山大一世的卫队和步兵，从他们的君主和君主的贵宾——奥地利皇帝弗朗茨一世（Franz I）和普鲁士国王腓特烈·威廉三世——面前雄赳赳地列队走过。精锐部队的方阵十分整齐，紧接着，哥萨克骑兵汹涌而来。在击退拿破仑军队的战斗中，这支草原骑兵战果辉煌，威震欧洲。阅兵式中最具震撼力的要数宗教仪式。广阔的平原上竖起了七个祭坛，在阅兵式虔诚的举办者——亚历山大一世面前，盛大的希腊祭祀仪式上演了。神甫喃喃颂祷，士兵齐声相和，声震云霄，表达着只要君主一声令下他们就甘心赴死的狂热。

当各国君主仍然沉浸在阅兵式宏大的气势中时，[75]他们就被亚历山大一世邀请去签署文件，也就是后世所谓的《神圣同盟盟约》[76]。1815年9月14日至26日，俄罗斯帝国沙皇亚历山大一世、奥地利帝国皇帝弗朗茨一世和普鲁士国王腓特烈·威廉三世正式宣布，他们的联合只有一个目的：

> 向全世界展示他们不可动摇的决心，在内政和外交方面，坚决贯彻基督教教义：正义、仁慈、和平。
>
> 这些戒律绝不仅仅适用于个人生活，也应当指导各国君主的决策，指引他们进行谈判磋商，进而成为稳固社会制度、弥补人类弱点的唯一手段。

这是一个非同寻常的盟约序文，而其后的外交协议条款，在当代政治家眼中，也同样不可思议：

> 谨遵《圣经》教诲：人类皆手足。三位缔约的君主本着牢不可破的兄弟之情，保证彼此以同胞相待，无论何时何地，彼此支持扶助对方的子民和士兵，关切如父子，守护如兄弟，引导他们的人民（像三位君主一样）守护信仰、和平和正义。(第一条)
>
> 因此，无论三国政府还是三国臣民，都秉持互利互助的根本原则，永远对彼此保持善意和友爱，视彼此为基督教国家平等的一员；三个缔约君主视自己为上帝所选，替上帝分别管理一个大家族中的三个小家庭。奥地利帝国、普鲁士王国和俄罗斯帝国的君主谨宣布，在这三个基督国家里，唯有他们是合法的统治者……因此，君主要以最温和的方式诱导劝诫他们的子民。唯有这样的和平才能长久，因为它发自民心；唯有这样的和平才能教化人民更好地领会和担负救世主要求人类承担的责任。(第二条)
>
> 所有国家，只要郑重承诺遵守这一神圣原则，并承认它对国家福祉的重要性……只要承认这些真理必将对人类命运发挥应有的作用，都欢迎加入这个神圣同盟，加入者必将一视同仁地受到热烈欢迎和爱护。(第三条)[77]

亚历山大一世突然将神圣同盟的盟约摆在奥地利皇帝弗朗茨一世和普鲁士国王腓特烈·威廉三世的面前，要求他们签署。

这份盟约的用语，在外交档案中是绝无仅有的。神圣同盟要求各国君主承诺的，不过是一句在内政和外交中担负"上帝要求人类承担的责任"。普鲁士外交家根茨说，他们对神圣同盟可能造成的后果"又惊又恐"[78]。对如此宽泛、空洞的道德原则的推崇，将会引发亚历山大一世在当时无法预见的政策和事件。

要理解亚历山大一世头脑里这个神秘莫测的神圣同盟究竟代表什么，必须讲一讲亚历山大一世当时受到的国际主义影响。亚历山大一世的启蒙老师拉阿尔普，是卢梭的崇拜者。拉阿尔普曾经用极富煽动力的语言总结过圣皮埃尔神父关于永久和平的设想，《给诺沃西利采夫的指示》明显有受其影响的印记。1822年，在给朋友戈利岑的信中，亚历山大一世回顾了神圣同盟的由来，这封信很值得研究。早在拿破仑大军入侵俄罗斯帝国时，戈利岑的神秘主义思想和宗教思想就影响了亚历山大一世，后来，亚历山大一世又受到芭芭拉·朱莉·冯·克吕德纳 (Barbara Juliane von Krüdener) 及法兰西保守主义哲学家尼古拉·贝尔加斯 (Nicolas Bergasse) 的强烈影响。虽然当代历史学家认为在神圣同盟的诞生过程中，保守主义哲学家贝尔加斯的作用更加直接[79]，但这些不属于本书的研究范围。这些影响属于研究亚历山大一世生平的范畴，对研究亚历山大一世这位变革者的心理而言，虽然其中的人际关系至关重要，但本书旨在研究神圣同盟对欧洲组织的现实影响，因此，对于这些只略提一二。

拿破仑从厄尔巴岛逃回法兰西，亚历山大一世便匆匆穿过德意志去和自己的军队会和。"女预言家"克吕德纳男爵夫人正是在这段时间第一次邂逅了她当时的君主、后来的弟子——亚历山大一世，但这次邂逅或许并不是偶然的。神圣同盟的酝酿和诞生，都与克吕德纳男爵夫人这个不寻常的女人有关系。[80]

初次见面，亚历山大一世似乎被克吕德纳男爵夫人的性格吸引住了。在她关于拿破仑倒台的预言应验时，亚历山大一世邀请这位"女预言家"前往巴黎。1815年7月14日，克吕德纳男爵夫人与亚历山大一世几乎同时抵达巴黎，被安排住在靠近亚历山大一世居所的地方。她的沙龙很快就成了连续举办"祷告会"的地方。在爱丽舍宫亚历山大一世的小教堂里，克吕德纳男爵夫人协助举办了公开的希腊正教仪式，而她在家中组织的私人聚会则俨然是早期基督教礼拜。[81]每逢亚历山大一世出席，她就会双膝跪地，诵读长长的祷文，主要是歌颂俄罗斯帝国军队获得大捷，特别是赞颂亚历山大一世的胜利是宗教的胜利，或祷告全人类虔诚忏悔、皈依宗教。她还有一个目标，就是实现全欧洲的宗教大融合。她一再呼吁亚历山大一世帮她实现这个目标，而亚历山大一世也认为这与自己的国际目标一致。

克吕德纳男爵夫人和她的皇家"弟子"关系神秘，致使当代作家往往夸大了她对亚历山大一世的影响，甚至有人说他们见面时会举行神秘仪式。其实这些"专家"只是为引人好奇而故弄玄虚罢了。在亚历山大一世的私函甚至公文中，确有克吕德纳男爵夫人惯用的话语，导致有人怀疑，亚历山大一世的很多政治决策都出自克吕德纳男爵夫人之手，或经她授意。然而，克吕德纳男爵夫人要为亚历山大一世的政治理论负责的说法并没有被当代学者采信。[82]首先，克吕德纳男爵夫人宣传的诸般教义，在很多地方都与亚历山大一世的主张相悖。其次，像亚历山大一世这样一个经受过千锤百炼的政治家，会被区区一个男爵夫人左右自己的政治决策，实在难以令人信服。有证据显示，克吕德纳男爵夫人圈子里的保守主义哲学家贝尔加斯，对亚历山大一世政治决策的影响力要大得多。

关于贝尔加斯对神圣同盟产生的作用，作家利奥波德·德·加亚尔 (Leopold de Gaillard) 有过论证[83]。贝尔加斯是一位政治作家，在第一次波旁王朝复辟时期就很有影响力。无论他的理论多么保守，也是科学研究的结果，绝不是神秘主义的产物。从加亚尔的研究来看，《神圣同盟盟约》里，显然既有贝尔加斯提供的"政治"理论，也有克吕德纳男爵夫人提供的宗教话语。贝尔加斯似乎一直渴望建立一个神权政治体系，现在终于可以通过亚历山大一世来实现了。贝尔加斯认为，基督教国家的君主是神的意志体现，君主之间积极合作，就能实现世界和平。在这个新体系中，人类的权利很难找到一席之地，尽管他们的君主受到更高法律的约束，必须尊重人类的这些权利。在欧洲政治家眼里，无论这个主张多么玄虚、空洞，贝尔加斯都笃信亚历山大一世应该以此作为调节国际分歧的准绳。

贝尔加斯的影响力早就远远超过了克吕德纳男爵夫人。1822年维罗纳会议期间，贝尔加斯甚至与亚历山大一世保持通信，敦促其使用神圣同盟的巨大力量消灭"革命党派"。还有证据显示，亚历山大一世恳请贝尔加斯给自己更明确的指导。[84]但显然，这个顾问喋喋不休的忠告令亚历山大一世厌烦了，其影响力因此也就结束了。因此，在研究亚历山大一世保守主义时期的政策时，其影响力也一直被忽略。在亚历山大一世这个理想主义者的一生中，和许多人一样，贝尔加斯曾有着举足轻重的影响，却昙花一现。如同恰尔托雷斯基、米哈伊尔·米哈伊洛维奇·斯佩兰斯基 (Mikhail Mikhailovich Speransky)、克吕德纳男爵夫人等人，在亚历山大一世眼里，贝尔加斯渐渐"变得乏味"，最后被无情地抛在了一边。在尚未拿定主意时，亚历山大一世能广开言路，从谏如流；而一旦他决心已定，就厌恶别人指手画脚。他讨厌大道理，除非站在讲坛上的人是自己。

》注释

1 原文此处并没出现这个条约的全称，只是模糊地称之为"the strange pact known as the 'Holy Alliance'"。结盟时曾有多个称呼指称这个同盟，如"和平同盟""君主的同盟""神圣的同盟""基督教国家兄弟同盟""亚历山大的同盟""正义、仁慈、和平的神圣同盟"。盟约也有多个称呼，包括《1815年9月26日行动法案》《神圣的条约》《神圣的协议》《君主盟约》《神圣同盟盟约》等。为便于理解，下文除了个别地方特殊行文需要，基本统一使用神圣同盟，其结盟条约统称《神圣同盟盟约》。——译注
2 皮埃尔·雷恩：《一个理想主义者：沙皇亚历山大一世》(*Un Tsar Idéologue, Alexandre Ier*)，第7页。
3 在《威廉·马姆斯伯里伯爵的日记和信函》(*The Diaries and Correspondence of the Earl Malmesbury*) 中，威廉·马姆斯伯里详细描述了年轻的亚历山大一世周围荒淫的生活，特别是叶卡捷琳娜大帝声名狼藉的"宠臣"政权。
4 指法国大革命时期政治上的极左思想。——译注

5 同2，第16页—19页。切不可把拉阿尔普与同时代的批评家让-弗朗索瓦·德·拉·拉阿尔普混淆。1801年，让-弗朗索瓦·德·拉·拉阿尔普与俄罗斯大公、后来的沙皇保罗一世的书信公开出版，共五卷。其主要内容充斥着对法兰西文学界的酸腐醋意，可能是以一种纯粹的功利主义的心态对保罗一世所进行的奉承。

6 莫杰斯特·伊万诺维奇·波格丹诺维奇（Modest Ivanovich Bogdanovich）：《亚历山大一世》（Alexander I），第16页。

7 成为俄罗斯帝国皇后后称伊丽莎白·阿列克谢耶芙娜。——译注

8 关于这段浪漫的皇室爱情，在伊丽莎白·阿列克谢耶夫娜本人的书信中有生动描述。《伊丽莎白·阿列克谢耶娜皇后的书信》由尼古拉·米哈伊洛维奇大公作序出版。

9 亚当·耶日·恰尔托雷斯基：《回忆录》，第1卷，第53页。

10 同2，第42页。该页曾引用《俄罗斯帝国社会史》（Societe Imperial de l'Histoire Russe）中的一段话，讲到拉阿尔普受到轻慢后如何表达自己强烈的愤慨。

11 同9，第1卷，第111页。

12 同9，第1卷，第156页—157页。

13 原名宪法之友协会，1792年后改叫雅各宾党或自由和平等之友协会，俗称雅各宾俱乐部或雅各宾派，简称雅各宾，它是法国大革命发展期间在政治上最有名和最有影响力的俱乐部。——译注

14 在《亚历山大一世的生平及时代》（Life and Times of Alexander I）一书中，通过对《斯维吉恩夫人回忆录》（Memoirs of Mme Swetchine）和《布劳的故事》（Bulau's Narrative）等书的考据，C.乔伊纳瓦里（C. Joyneville）分析了亚历山大一世对其父保罗一世之死到底负有怎样的责任。据《斯维吉恩夫人回忆录》一书称，亚历山大一世确实参与了密谋，企图"囚禁沙皇陛下"。详见C.乔伊纳瓦里在《亚历山大一世的生平及时代》第1卷第118页引用的彼得·路德维希·冯·德尔·帕伦（Peter Ludwig von der Pahlen）伯爵和斯维吉恩将军的谈话。值得注意的是，当时的葡萄牙都是由摄政者统治的，君主只是傀儡。在第142页，C.乔伊纳瓦里讲到，帕伦伯爵向亚历山大一世透露，沙皇保罗一世已经下令逮捕他、玛丽亚·费奥多罗芙娜皇后与康斯坦丁大公。英国专员罗斯说："逼宫前后不过三刻钟。"因此，在第147页和第152页，C.乔伊纳瓦里讲到杀死沙皇保罗一世不是密谋的一部分。也可参阅卡茨米尔兹·瓦里茨瓦斯基（Kazimierz Waliszewski）所著的《叶卡捷琳娜大帝之子：保罗一世》（Le fils de la grande Catherine: Paul I）。

15 同9，第1卷，第253页。

16 C.乔伊纳瓦里引用了罗斯托普钦（Rostopchine）伯爵的话：第一次对法作战时，为镇压"无政府主义和民主思潮"，保罗一世打算建立一个永久的联盟，这可以说是

神圣同盟的前身。

17 此时的拉阿尔普已不如年轻时那么热衷"自由、平等、博爱"。返回瑞士后,他积极邀请法兰西革命政府干预自己所在州的争端。法兰西军队打败了伯尔尼寡头政府的军队。然而,烧杀掳掠四起,连拉阿尔普这个最虔诚的共和主义者、卢梭的弟子都深感不安。何况他的同胞理所当然地认为,他们遭受的苦难,拉阿尔普负有一定的责任。

18 关于恢复叶卡捷琳娜大帝"武装中立"政策的详情,请见纪尧姆·德·加登(Guillaume de Garden)的《和平条约史》(*Histoire Generale des Traites de Paix*)第5卷,第347页和第361页。

19 其实,亚历山大一世的第一反应是遵从"父亲大人的意愿",维护"中立国的权利",但他的驻伦敦大使沃龙佐夫(Vorontzov)伯爵,向他力陈建立英俄联盟的必要性。详见1894年弗里德里希·冯·马滕斯(Friedrich von Martens)所著的《外交史》(*Revue d'Histoire Diplomatique*),第8卷。

20 考虑到这个阶段恰尔托雷斯基对亚历山大一世的影响,需要提醒读者的是,他首先是一个爱国的波兰人,他热切盼望沙皇亚历山大一世能像早年一样,对命途多舛的俄罗斯帝国表现出慷慨的热情。恰尔托雷斯基认识到,强调公正的国际视角,是重燃亚历山大一世热情的唯一办法。在亚历山大一世整个"自由主义阶段",包括《给诺沃西利采夫的指示》时期,恰尔托雷斯基都发挥了个人强大的影响力。参见恰尔托雷斯基:《回忆录》,第1卷,第101页。

21 纪尧姆·德·加登:《和平条约史》,第5卷,第376页。

22 同9,第1卷,第370页。

23 这些指示因阿尔贝·索雷尔和瓦尔特·菲利普斯(Walters Phillips)的研究而广为人知,因此,本书不会全文引用。

24 同9,第2卷,第2页。

25 在《回忆录》第2卷第27页和附录中,恰尔托雷斯基全文抄录了《给诺沃西利采夫的指示》。恰尔托雷斯基认为《给诺沃西利采夫的指示》的重要性和历史意义一直被忽视。阅读了《给诺沃西利采夫的指示》全文的人,大多会认同他的看法。在一定程度上,现代作家的研究弥补了前人的疏忽,承认了约十年后《卡利什条约》和《肖蒙条约》有关国际干预和重建欧洲的计划,正是在《给诺沃西利采夫的指示》的基础上构建起来的。索雷尔谈到《给诺沃西利采夫的指示》时,说:"我们比较一下1813年米哈伊尔·伊拉里奥诺维奇·库图佐夫(Mikhail Illarionovich Kutuzov)对德意志人民发表的演讲和1814年亚历山大一世对法兰西自由主义者发表的演讲,不难发现它们部分源于同一个设想。1804年打算采取的措施和1814年重建欧洲大陆的措施甚至是一样的。"参见阿尔贝·索雷尔:《欧洲与法国大革命》(*L'Europe et la Revolution Francaise*),第6卷,第39页。

26 沙皇亚历山大一世坚持声明,英俄联盟发动的战争,只针对拿破仑而不是法兰西人民,而这与美国威尔逊总统宣称"我们真正的敌人不是德国人民而是奴役德国人民的战争头子"如出一辙。

27 "显然,这一宏伟目标的实现必须满足以下标准:人民与政府和谐,政府有能力为人民获取最大利益。我们还必须以实现各国利益为宗旨,制定明确的规章制度,通过这些制度来协调各国关系。在深入研究国际关系和总结历史的经验教训后会发现:除非这些国家能够通过自由的制度获得内部安定,不因任何人的激情和野心而动荡不安,才能获得这两种结果。"

28 同21,第8卷,第317页。亚当·耶日·恰尔托雷斯基的《回忆录》出版前,除了德米特里·塔季谢夫在《亚历山大一世与拿破仑·波拿巴》一书中偶有提及这次谈判,小威廉·皮特的回复是关于这次重要谈判的唯一公开文件。1805年1月,诺沃西利采夫伯爵在伦敦谈判未果。1805年2月,英国驻圣彼得堡大使整月都在圣彼得堡继续谈判。此次谈判的成果是,1805年4月11日,沙皇亚历山大一世和英国国王乔治三世签订《英俄同盟条约》。关于第三次反法同盟之前的外交谈判的详情参见第8卷,第302页。

29 阿尔贝·索雷尔:《欧洲与法国大革命》。

30 亚历山大·旺达尔(Alexandre Vandal):《拿破仑·波拿巴与亚历山大一世》(*Napoleon et Alexandre Ier*)。

31 德米特里·塔季谢夫:《亚历山大一世与拿破仑·波拿巴》,第86页。

32 同29,第6卷,第73页。

33 同29,第6卷,第73页。沙皇保罗一世竟然听信拿破仑的花言巧语,认为自己跟这个"科西嘉人"的联盟是为了"欧洲的和平"。

34 同30。

35 同30。在埃尔福特,亚历山大一世和塔列朗有一次著名会面,塔列朗几乎明确表示了背叛拿破仑的决心。参见查尔斯·迪普伊(Charles Dupuis):《夏尔·莫里斯·德·塔列朗-佩里戈尔在1814年》,第1卷,第27页。

36 亚历山大一世致让-巴蒂斯特·贝尔纳多特,引自皮埃尔·雷恩《一个理想主义者:沙皇亚历山大一世》,第1卷,第208页。

37 《卡利什条约》《赖兴巴赫条约》《托普利茨条约》的具体内容,详见弗里德里希·冯·马滕斯:《新和约汇编》(*Nouveau Recueil de Traites*),第3卷,第234页;第1卷,第568页和571页。

38 同29，第8卷，第257页。

39 讨论涉及拿破仑的继任者、"自然边界"等问题。在给奥地利外交大臣梅特涅的备忘录中，沙皇亚历山大一世表示，除非法兰西帝国同意"法兰克福协议"，否则俄罗斯帝国拒绝和谈。阿尔贝·索雷尔：《欧洲与法国大革命》，第8卷，第250页—255页。

40 塔列朗：《回忆录》，第2卷，第151页。安托南·德比杜尔（Antonin Debidour）：《欧洲外交史》（Histoire diplomatique de l'Europe），第1卷，第6页—7页。在马伦哥战役、奥斯特利茨战役等战役前夕，拿破仑信心百倍。1814年1月4日，拿破仑发表了动情的长篇演讲，宣布不惜一切代价，获取和平。而科兰古将军由于不了解军事形势，所以他对反法同盟国的得寸进尺非常不满。阿尔贝·索雷尔：《欧洲与法国大革命》，第7卷，第259页—262页。

41 瓦尔特·菲利普斯：《欧洲联盟》，第72页—79页。

42 梅特涅甚至被怀疑与法兰西帝国单独和谈。参见阿尔贝·索雷尔：《欧洲与法国大革命》，第8卷，第289页。

43 欲知条约全文，可参阅弗里德里希·冯·马滕斯的《新和约汇编》，第2卷，第48页。

44 这些话都记录在1813年12月26日的《内阁纪要》中。瓦尔特·菲利普在《欧洲联盟》第66页引用过。

45 尼古拉·米哈伊洛维奇（Nicolas Mikhailovitch）：《沙皇亚历山大一世》（L'Empereur Alexandre Iᵉʳ），第1卷，第134页。

46 关于《巴黎条约》的谈判详情，在塔列朗的《回忆录》第2卷第172页有详细记载。

47 参见奥古斯特·德·舒瓦瑟尔–古菲耶（Mme. de Choiseul-Gouffier）的《回忆录》第177页。这一事件具有重大意义，它显示的法兰西王国复辟政府很快就理解了沙皇亚历山大一世所热衷的"国际"政策。

48 弗里德里希·冯·马滕斯：《和平条约最新补充》（Nouveaux Supplemens），第1卷，第329页。

49 同40，第2卷，第197页。

50 关于阿尔贝·索雷尔的重要解读，请参阅《欧洲与法国大革命》，第8卷，第346页。

51 同40，第2卷，第275页以及后续内容。

52 关于这些庆典活动，请参阅拉加尔德·尚博纳（La Garde-Chambonas）的《维也纳会议的庆祝活动》（Fêtes et souvenirs du Congrès de Vienne）。

53 东正教教会按照古老的传统，授予亚历山大一世"上帝的选侯"头衔，作为对他卓越功勋的嘉奖，但被天性谦逊的亚历山大一世拒绝了。参阅皮埃尔·雷恩所著的《一个理想主义者：沙皇亚历山大一世》，第245页。

54 同29，第8卷，第384页。

55 拉加尔德·尚博纳：《维也纳会议的庆祝活动》，第1卷，第197页。

56 罗伯特·蓝辛（Robert Lansing）：《和会四巨头及其他》（*The Big Four and Others of the Peace Conference*），第38页。

57 同40，第2卷，第420页。

58 同40，第2卷，第431页。

59 安托南·德比杜尔：《欧洲外交史》，第1卷，第22页。

60 同40，第2卷，第509页。

61 同9，第1卷，第147页。

62 同40，第2卷，第550页。在《欧洲外交史》第36页，德比杜尔具体分析了1812年战争对该时期欧洲事件的重大影响。

63 指俄罗斯帝国企图得到波兰，普鲁士王国企图得到萨克森。——译注

64 同40，附录，第561页。

65 同40，附录，第134页。

66 弗里德里希·冯·马滕斯：《新和约汇编》，第2卷，第682页。

67 原文可能遗漏了普鲁士王国，四国同盟是奥地利帝国、俄罗斯帝国、英国和普鲁士王国。——译注

68 同66，第2卷，第737页。

69 同41，第134页。

70 皮埃尔·雷恩写于1910年，原文为法语 bafoue。

71 同2，第259页。

72 疑为德米特里·弗拉基米罗维奇·戈利岑（Dmitry Vladimirovich Golitsyn），曾在亚历山大一世的政府任教育大臣。——译注

73 同45，第1卷，第221页。

74 艾蒂安–德尼·帕基耶（Étienne-Denis Pasquier）认为，亚历山大一世此举的主要目的之一是"促使反法同盟国对法兰西王国采取更温和的处理方式"。见艾蒂安–德尼·帕基耶《回忆录》第4卷，第22页，以及奥古斯特·德·舒瓦瑟尔–古菲耶《回忆录》，第202页。

75 同2，第280页。

76 1917年，作者被派往法兰西第四军时，偶然发现了一个立于沙隆附近的纪念碑，纪念的是沙皇亚历山大一世对永久和平的梦想。

77 这一版本源于弗里德里希·冯·马滕斯《和平条约最新补充》法语原版第2卷，第656页—658页。参见英国国家档案，第211—212页。

78 弗里德里希·冯·根茨:《秘密文件》(*Depeches inedites du Chevalier de Gentz aux Hospodars de Valachie*),卷1,第216页。

79 见梅特涅的声明或艾蒂安–德尼·帕基耶《回忆录》第4卷,第23页。

80 关于芭芭拉·朱莉·冯·克吕德纳的生平,法兰西作家查尔斯·埃纳尔(Charles Eynard)著有两本传记。作家克拉朗斯·福特(Clarence Ford)从中选材,用英语写了一本有趣的传记《冯·克吕德纳夫人的生平及书信》(*Life and Letters of Madame de Krudener*)。夏尔·奥古斯丁·圣伯夫(Charles-Augustin Sainte-Beuve)两度为这位男爵夫人文学"画像"。克吕德纳的本名是芭芭拉·朱莉·德·韦廷霍夫(Barbara Juliane de Weitinghov),1764年11月22日出生于里加。在与1777年出生的沙皇亚历山大一世初次见面时,她早已青春不再(《冯·克吕德纳夫人的生平及书信》,第4页)。其父曾任俄罗斯帝国议员,虽然祖辈世代生活在波罗的海地区,但她本人是坚定的亲俄主义者。克吕德纳男爵夫人早年主要受希腊东正教熏陶,嫁给克吕德纳男爵后,风流成性,直到遭遇变故,才虔诚信仰宗教,醉心于宣传自己的宗教思想。

81 参加这些聚会的都是社会顶层人物,如波旁公爵夫人、杜拉斯公爵夫人,还有欧洲名媛朱丽叶·雷卡米耶(Juliette Recamier)夫人(还被要求"尽可能打扮得难看,免得别人心猿意马")、弗朗索瓦–勒内·德·夏多布里昂(François-René de Chateaubriand)、本杰明·康斯坦(Benjamin Constant)。查尔斯·埃纳尔:《冯·克吕德纳夫人的一生》,第2卷,第30页。

82 "沙皇亚历山大一世的两位研究者,认为神圣同盟和世界和平联盟的构想出自克吕德纳男爵夫人美好的想象。我实在无法理解他们究竟有何依据。这个高尚的构想,应该是出自亚历山大一世本人。无论是当时还是此后,在与我的几次谈话中,沙皇亚历山大一世没有提到《仙境》(*Falerie*)的作者,尽管他经常提到令其钦佩的古今文学家,甚至谈起诸如热尔梅娜·德·斯戴尔(Germaine de Staël)这样智识过人的杰出女性。"奥古斯特·德·舒瓦瑟尔–古菲耶:《回忆录》,第153页。

83 引自《尼古拉·贝尔加斯:革命中旧传统的捍卫者》(*Nicolas Bergasse : A Defender of Old Tradition under the Revolution*)。这本尼古拉·贝尔加斯的家庭书信集十分有趣,还有法兰西学者艾蒂安·拉米(Etienne Lamy)作序,颇有价值。

84 这里所说的"革命党派"(sects)类似我们如今的"激进分子"。1822年8月16日,在致谢信中,沙皇亚历山大一世承认"对此事的考虑还不周全"。引自尼古拉·贝尔加斯《尼古拉·贝尔加斯:革命中旧传统的捍卫者》,第383页。

第1章

神圣同盟的影响

> "君主们即将在坎布雷举行会议,包括神圣罗马帝国皇帝马克西米利安一世(Maximilian I)、法兰西国王弗朗索瓦一世(François I)、英格兰国王亨利八世(Henry Ⅷ)和低地国家的君主卡洛斯一世(Carlos I, 即位之后的查理五世)。他们将庄严承诺,锲而不舍地维护彼此的和平,乃至整个欧洲的和平……但对有些人,和平毫无用处,反倒可以通过战争强取豪夺。于是,他们在和平的道路上设置障碍,让君主们的意图无从实现。"
>
> ——伊拉斯谟(Erasmus),
>
> 《和平之控诉》(The Complaint of Peace)

通过遵守在韦尔蒂平原上签署的《1815年9月26日行动法案》[1],欧洲强国勉强签署了履行"协调行动"义务的承诺书。[2]如果说《神圣同盟盟约》中的神秘用语有什么实际意义的话,那就是用白纸黑字确认了欧洲君主们"无论何时何地都将协调行动",明确表示这不是一个"个别国家缔结的、排斥其他国家的联盟"。任何国家,只要庄严宣誓承认这些"神圣的原则",都可以加入同盟，并一视同仁地受到热烈欢迎和爱护。对尚未加盟的国家，这个热情的邀请造成了怎样的影响呢？在回答这个问题前，我们先看看，那些已经签约的国家，到底是如何看待这份语焉不详的盟约的。对于这个基督教国家的和平同盟所倡导的精神，亚历山大一世本人视如珍宝，而他的盟友又是如何看待的呢？奥地利外交大臣梅特涅，曾讲到签署《神圣同盟盟约》前的一些情况，其中就包含对这些问题的回答。

> 在《巴黎条约》(1815年)谈判期间，沙皇亚历山大一世召见过我，他说他正在忙一件重要的事，需要和弗朗茨一世陛下协商。"有些事情只能从个人的信仰来考虑，而这种信仰又完全受个性的影响。如果是国事，我一定会先询问您的意见，但这事儿真的不是政府顾问能决定的，得让各位君主自己做决定。"几天后，弗朗茨一世陛下召见我，并告诉我亚历山大一世刚请他去商量很重要的事。"你知道吗？他给我看了一份文件，还叮嘱我仔细读。看完后，我对其中所包含的思想没什么兴趣，还觉得很不舒服。"
>
> 我不需要仔细研究，就知道这份文件没什么价值，充其量是披着宗教外衣的慈善理想。我确信这不可能成为主权国家之间的协约主题，甚至可能被误解为一种宗教活动。[3]

奥地利外交大臣梅特涅发现，普鲁士国王腓特烈·威廉三世既害怕拂了强大盟友的盛意，又担心签署这份宣言会招来不良后果。于是，梅特涅苦口婆心地说服亚历山大一世，授权自己对宣言做一些修改。最后，弗朗茨一世和腓特烈·威廉三世同意在修改后的版本上签字。用梅特涅的话说，"虽然整个同盟计划激起了他（弗朗茨一世）本能的反感"，但弗朗茨一世还是签署了宣言。在描述了事情的经过后，梅特涅还发表了一番评论，其中虽有不实之处，但意义重大：

> 以上所说都是实情，最有力的证据是，欧洲各国内阁此后再没有质疑神圣同盟，也不会有什么顾虑了，只有那些对君主制政党怀有敌意的人才会试图利用这个构想，诽谤神圣同盟的缔造者们。神圣同盟从来不曾限制人民自由，也从不鼓吹专制主义。它仅仅是沙皇亚历山大一世信奉的宗教神秘主义的表达，基督教的精神被用到了公共政策当中。正是这种宗教精神和政治理论的奇怪结合，催生了神圣同盟。其中有克吕德纳男爵夫人和哲学家贝尔加斯共同的影响。关于这份空洞而动听的文件，没人比我更清楚它的真意。[4]

后来，梅特涅曾谈起过，奥地利帝国的外交宗旨与亚历山大一世神圣同盟的根本原则——无条件团结——之间的区别。

梅特涅始终强调，这个"王权联盟"与通过多个"常规"协议逐步形成的"维也纳体系"之间，有着根本不同。他坚称，从拿破仑倒台到克里米亚战争爆发，欧洲能长时间维持和平，后世一定会将之归功于他极力促成的"维也纳体系"，而不是亚历山大一世的一纸宣言。贝尔加斯和拉阿尔普，这两位影响了亚历山大一世政治理论的哲学家，也许能帮助我们真正理解一直被大家误解的《神圣同盟盟约》。

贝尔加斯曾写道：

> 神圣同盟的两大根本理念是君权神授和人类皆手足。各国的革命运动给人民和其君主上了可怕的一课。这些动摇欧洲根基的灾难，都有一个根本原因：宗教约束废弛了，民间和皇室均日渐颓靡，公共道德沦丧。这必然导致混乱和无政府状态。革命学说叫嚣着彻底摒弃宗教约束，高呼人权至上，并声称有组织的暴力活动将长期存在。如果这样，欧洲就将陷入新的浩劫。
>
> 面对这种局面，强调上帝的意志，呼吁各国人民共同遵循上帝的教诲，方能持久保持和平繁荣，而这显然也是必要的、庄严的。[5]

亚历山大一世的宣言用语如此玄虚，引发了广泛批评，以至于他昔日的老师拉阿尔普也忍不住出来解释，为自己这位皇家弟子的善意和良知辩护。显然，亚历山大一世倡导的神圣同盟和他自己的哲学思想之间，毫无共通之处。

在回应伊恩佩特尼 (Impeytany) 一篇叫《俄罗斯帝国沙皇亚历山大一世》(Alexander of Russia) 的文章时，拉阿尔普写道：

> 虽然在置身危险时，沙皇亚历山大一世从不胆怯，却无比害怕战争。亚历山大一世深知各国之间矛盾重重，但希望欧洲能维持长期和平。大家应该都深有感受，我们有多久没有享受这样的安宁了。他希望欧洲各国政府认识到改革是时代的需要，并郑重投入到改革中，而和平安宁是改革必不可少的先决条件。过去三十年的混乱，似乎极大地削弱了旧的秩序和从属观念，所以亚历山大一世希望能诉诸宗教以改变现状。目前来看，至少就这位君主而言，这是真挚情感的流露，发自其高尚的内心。可惜有些阴谋家，很快就用亚历山大一世仁慈的理念来攻击他。1815年9月26日，在韦尔蒂平原的阅兵式上，十六万俄罗斯帝国士兵横戈跃马，景象之宏伟，令当时在场的欧洲各国外交官员都大为震撼。不过，这个泱泱大国的军事实力吓到了他们。这样的军威远比亚历山大一世高尚无瑕的情操更具震慑力。这时，世界上所有受压迫的人，不分东西南北，都殷殷注视着亚历山大一世。然而，也是从此刻开始，暗潮涌动，有人唯恐这样的道德情操使所有文明、善良的人都受到感召，都来助他一臂之力。于是，

这些人千方百计地捣鬼、搅局。亚历山大一世生性谦和，不愿意让别人畏惧自己，所以不惜代价，竭力消除大家的忧虑——无论这种忧虑是真实感受，还是惺惺作态。所以亚历山大一世同意设立阿雷奥帕古斯法院[6]，让大家投票决定用什么措施来维护长治久安的局面。于是，那些阴谋家立即瞅准时机，利用了亚历山大一世慷慨放弃自己壮大势力的机会。维也纳会议本来进展得非常顺利，但就因为这些人的捣鬼和搅局，各国信心受损，而仁慈的亚历山大一世只能眼睁睁地错失良机。这些阴谋家操纵"法院"，得出的结果却令大家怨声载道。于是，他们毫不犹豫地把措施不力的罪名扣到亚历山大一世的头上，责怪他固执、任性，全然不在乎他们称赞亚历山大一世慷慨大度的赞美之词还言犹在耳。[7]

亚历山大一世在《神圣同盟盟约》中声明，结盟完全出于善意，旨在维护和平，但欧洲列强对此深表怀疑。[8]他不得不用行动向大家证明自己的"伟大行动"没有什么不可告人的目的，更没有图谋私利。1816年3月18日，根据亚历山大一世的指令，俄罗斯帝国境内所有教堂宣读了他关于《神圣同盟盟约》，即《1815年9月26日行动法案》的简要声明。亚历山大一世给俄罗斯帝国驻伦敦大使克里斯多夫·冯·利芬 (Christoph von Lieven) 伯爵写了一封长信，否认神圣同盟对"非基督教国家"有敌意。有些人中伤神圣同盟,称其所谓的基督之爱和手足之情无非是想掩盖日后发动侵略的意图,这实属可悲,必须谴责。[9]

克里斯多夫·冯·利芬伯爵大使先生:

(1815年)9月26日奥地利皇帝弗朗茨一世、普鲁士国王腓特烈·威廉三世和我宣布签署了《基督教国家兄弟同盟法案》(Act of Fraternal and Christian Alliance)[10]。为了更广泛地联合其他国家签署这个法案,我认为,像您这样的人,特别有必要了解其精神、解读其真意,因为各国可能要求你对它做出解释。我相信,等我解释完,大家就不会对这个同盟或我的声明再有任何误解。

据我所知,大多数的质疑甚至谣言,都是关于结盟动机的,所以我解释一下我们因何而结盟。那些阴谋家,被万能的上帝挫败,妄图做最后的挣扎,所以诬蔑我们的同盟宣言,控诉我们的同盟貌似神圣可贵,其实背后有不可告人的政治目的。但我的盟友和我本人,都是为了激发欧洲最后一次伟大的斗争,只想把基督教最丰硕的成果——和平、和睦、友爱的教义——更有效地运用到内政和外交当中。除此之外,我们别无他图。

一想到这个盟约将我们和拯救众生的基督教神圣的教义联系在一起,我们就深感荣幸。这些教义规范着我们世世代代的私人生活。其实,它们绝不仅仅适用于私人关系。

1816年3月18日
于圣彼得堡

这封信出自亚历山大一世本人之手,从中我们不仅可以看到《神圣同盟盟约》中明显的宗教热情,还可以领略到其中不同于一般条约的行文风格和用语。

亚历山大一世给俄罗斯帝国驻伦敦大使利芬伯爵的信,也是对英国的再次呼吁,希望英国同其他欧洲强国一样加入这个和平同盟。在亚历山大一世大力宣传神圣同盟期间,英国摄政王[11]乔治·奥古斯塔斯·弗雷德里克(George Frederick Augustus)已经表示英国拒绝加入这个条约。1816年10月6日,在一封信中,他解释说,英国不参加同盟"不是因为不赞成它所提倡的原则",而是因为"《神圣同盟盟约》是由君主签署的,而英国宪法规定外交条约必须由外交官员签署"。[12]

英国自由派也立即对所谓"君主之间的手足情"表示质疑,甚至觉得整个条约的用词和语气都让人生疑。在会议上,自由党人用词犀利,谴责言论当天就见诸报端。在讨论有关神圣同盟结盟条约的两次会议上,他们滔滔不绝的批评,恐怕不完全是因为神圣同盟本身的重要性,也有出于党派之争而故意刁难政府的嫌疑。亨利·彼得·布鲁厄姆(Henry Peter Brougham)勋爵就是如此。他的愤怒完全是因为长期不满英国的"秘密外交",痛恨外交部以党派利益决定外交政策的做法。

在1816年2月8日举行的下议院会议上，布鲁厄姆勋爵表示：

> 他现在将要求议会出示这两份文件。他有充分的理由相信这些文件是存在的，虽然他在下议院里没有找到。在讲到第一份时，布鲁厄姆勋爵的话语中充满了怨气和疑虑，还引用了摄政王[13]的讲话和卡斯尔雷子爵的声明。这个第一份文件就是1815年9月26日奥地利帝国、俄罗斯帝国、普鲁士王国签署的结盟条约。当时，英国和法兰西王国都还没有签署。该条约是(1815年)12月25日被正式批准的，那一天甚至被宣称是我们救世主的诞生日。条约内容空泛，似乎没有任何实际目的或宗教之外的目的，只是声明基督教国家彼此休戚相关。但他怀疑这个条约另有企图，只是还没有被世人知晓。[14]

对于布鲁厄姆勋爵的诘责，卡斯尔雷子爵言简意赅地说："我觉得这个条约没有任何恶意。"

至于另一份文件，即布鲁厄姆勋爵所谓法兰西王国、奥地利帝国和另一个国家签署的条约，卡斯尔雷子爵傲慢地说："我不知道他指的是哪个文件。"对于布鲁厄姆勋爵的质疑，卡斯尔雷子爵宣称：在我看来，这个条约是"本着基督教最和善的宽容精神缔结的"。尽管他也承认"这个条约的行文确实不合常规"。

1816年2月9日，在下议院会议上，布鲁厄姆勋爵再次对《神圣同盟盟约》发难，尽管他仍旧没有明确指出该条约的具体名称。[15]他质问道："君主们只是表示他们将共同行动，一起保护基督教精神。请问是什么行动？基督教精神为何需要保护？""虽然他们没有明确宗教之外的任何实际的或世俗的目的，但条约本身的表述方式就非常可疑。"对于《神圣同盟盟约》，布鲁厄姆勋爵始终言辞辛辣，极尽挖苦，还明里暗里地表示神圣同盟的几个缔约国恰好是臭名昭著的瓜分波兰事件的参与者。"圆滑的外交辞令也掩饰不了他们至今贼心不死的企图。"会场上爆发出自由党人雷鸣般的掌声。待掌声停息，布鲁厄姆勋爵提出动议，要求摄政王弗雷德里克出示该条约及1815年1月26日签署的一份对俄的保障条约。

面对布鲁厄姆勋爵的抨击，卡斯尔雷子爵立即反诘，态度克制，发言雄辩，堪称回击的典范。他指出："如果君主们没有联合起来，那么欧洲至今仍处在水深火热之中。"欧洲联盟的胜利正是因为君主们像现在这样协同一心。在肖蒙会议上，各国君主明显还抱着各自为政的态度，他们认为只要不违背战争的总体目标，尽可以自由决策。卡斯尔雷子爵甚至坦言，亚历山大一世向其他君主出示结盟条约前，曾让自己看过条约草案，并恳请自己敦请英国摄政王弗雷德里克签署该结盟条约。卡斯尔雷子爵没有接受这个请求，理由是签署这类条约不符合英国政府的惯例。但同时，他向亚历山大一世保证，英国政府理解该条约的良好意图,其中绝无大家所误解的"对非基督教国家的敌意"。

当时英国政府的反对党——自由党——的另一位杰出领袖亨利·格雷·贝内特(Henry Ray Bennett)先生,接过布鲁厄姆勋爵的尖刀,再度出击。"卡斯尔雷子爵好大的口气,仿佛这些独立国家都任其摆布,削弱这个,瓜分那个。"贝内特还谴责卡斯尔雷子爵为神圣同盟美言。在贝内特看来,神圣同盟显然就是"一个阴谋,意在剥夺某些国家的自由和人民的权利"。

《神圣同盟盟约》一经公布,英国的自由党就对其进行猛烈抨击,但抨击似乎没有奏效。在接下来的数周,对于这个问题,议会先是避而不谈,继而进行投票。布鲁厄姆勋爵的提议以三十票对一百〇四票未能通过。1816年2月9日,《泰晤士报》(London Times)发表了一篇简短的社论,表示不看好神圣同盟的整体设想,但对英国政府尽量与俄罗斯帝国保持友好的立场,《泰晤士报》连一句批评之辞也没有。

一百年前[16],美国青年哲学家拉尔夫·沃尔多·爱默生(Ralph Waldo Emerson)在自己的日记中谈到欧洲局势:

> 在漫长的时间里,欧洲国家像患上传染病一样,一个接一个衰败。美国却充分利用这段时间快速发展,为伟大的新大陆奠定了深厚而坚实的基础。[17]
>
> 年轻的美国人,不要左顾右盼,请把眼光聚焦在自己的家园,如果可以,就在这里找点儿事干……在

这个时代，欧洲的暴君都忙着携起手来，对付风起云涌的自由主义、法治思想、平权意识。在暴君铁链下喘息的人民，将热切的目光投向了那些拥有自由制度的国家。可以说，暴君和人民，都在热切地关注着美国——暴君目露慌张，人民眼含希望。[18]

在拿破仑战争结束、欧洲亟待重建的关键时刻，这位青年哲学家畅谈新英格兰的自由独立精神，只是在重申乔治·华盛顿(George Washington)当年给美国的忠告。然而，由于各种原因，美国在道义上承受着参与欧洲事务的压力。当年和今天[19]一样，要求美国加入欧洲组织的声音不绝于耳。

1815年至1818年，美国的国家领导人面临是否要参与欧洲事务的抉择，其紧迫性丝毫不亚于今天[20]。

1818年，在召开亚琛会议前，亚历山大一世确信，要"全面"推行自己的和平计划，神圣同盟不但要吸收欧洲大陆的基督教国家，还必须争取英国、美国的加入。他试图说服英国、美国加入同盟的过程是国际主义发展史上有趣的一章。英国虽然受限于《肖蒙条约》《巴黎条约》和《维也纳会议最后议定书》，不得不履行对欧洲的义务，但很快就决心抽身而去。因此，后来接替卡斯尔雷子爵出任外交大臣的乔治·坎宁宣布要"恢复英国的孤立状态"。

在神圣同盟一致对付革命运动时，英国的保守派可能倾向于支持。[21]在打击推翻波旁王朝的革命者时，英国政府确实履行了《四国同盟条约》[22]，与盟国团结一致。但亚琛会议后，面对欧洲四处燃起的革命战火，英国内阁要求严格界定：作为一个立宪国家，在帮助君主制国家镇压革命一事上，英国应把握怎样的分寸。其实一开始，亚历山大一世不相信英国议会会反对神圣同盟，[23]并且还打算利用英美之间的矛盾，为缔造"不可分割"的大同盟创造有利局面。

门罗政府内阁议定的政策成为美国的外交原则，并一直沿用至今。[24]亚历山大一世的使臣一再呼吁英国、美国加入同盟，却徒劳无功。在热切的盼望终于落空时，亚历山大一世敏感又脆弱的自尊心，促使其将有关谈判过程的所有资料都埋葬在了秘密卷宗里。但俄罗斯帝国外交部的档案里依然留有蛛丝马迹，证明从1816年到1819年，俄罗斯帝国曾极富耐心地劝说美国放弃"孤立"政策，参与国际体系。

早在欧洲大陆因惧怕拿破仑而采取协同军事和政治行动的时代，美国就远远避开，与获胜的反法同盟绝无瓜葛。面对英国和法兰西第一帝国白热化的竞争，美国艰难地维持着自己一贯的中立立场，结果两面不讨好。1806年5月英国实施的《枢密院令》(British Orders in Council)和1806年11月拿破仑为报复英国而实施的《柏林敕令》(Berlin Decree)，导致托马斯·杰斐逊政府1809年颁布了《互不交往法案》(Non-Intercourse Act)，这可以说是美国政府不得已采取的下策。然而，拿破仑的外交政策成功地迫使美国于1810年宣布对英国、法兰西第一帝国实施双边"贸易禁运"，在法兰西第一帝国看来，这对自己是有利的。虽然法兰西第一帝国严格执行的《朗布依埃敕令》(Rambouillet Decree) 让美国商船叫苦不迭，但因为美国私掠船在勒阿弗尔港和布雷斯特港劫掠英国商船导致1812年英美战争爆发[25]，所以美国和法兰西第一帝国数年海上冲突的恩恩怨怨，都被抛诸脑后。两年后，[26]《卡利什条约》《托普利茨条约》《肖蒙条约》逐步将欧洲大国团结起来，而年轻的美国发现自己成了国际"嫌疑犯"，一是因为与拿破仑签署了一份自己并不满意的非正式停战协议；二是因为与欧洲大联盟的重要成员英国公然开战。

英国有实力强大的陆军、海军做后盾，非常乐意坐在维也纳的会议桌前谈判。确实，英国主动讲和是1812年英美战争得以终结的重要因素。[27]在前往维也纳会议的路上，卡斯尔雷子爵特意在根特停留（1814年8月），催促英国谈判团尽快与美国达成和约。亚历山大一世认为，凭靠自己在英美之间的调停工作[28]，说服美国支持一个更广泛的世界和平协约，想必不难。

《神圣同盟盟约》最后的条款中所说的广泛邀请"所有郑重承诺遵守这一神圣原则的国家"加入同盟的倡议，得到了为数不少的小国响应。其中思想开明的符腾堡国王腓特烈一世 (Friedrich I) 最早响应，在1816年8月17日加入；1817年5月，萨克森国王弗雷德里克·奥古斯特一世 (Frederick Augustus I) 宣布支持亚历山大一世的同盟宣言，萨丁国王维托里奥·埃马努埃莱一世 (Vittorio Emmanuel I) 和尼德兰国王威廉一世 (Willem I) 也相继宣布加入，之后又有汉萨同盟城市和瑞士联邦相继加入。[29]英国反对神圣同盟的主要原因，在美国并不存在。在很多人看来，《神圣同盟盟约》反复使用的"基督教国家"字眼暗示着对奥斯曼帝国的某种神秘威胁。但对美国政府来说，即便有这样的威胁，也不足为虑。相反，当年美国在地中海实行打击柏柏里海盗政策时，曾得到过俄罗斯帝国的支持，美国政府至今铭记。在美国，虽然亚历山大一世的个人声望已今非昔比，自由主义者的名头也不那么响亮了，但亚历山大一世作为共和派哲学家拉阿尔普的弟子，头上仍闪烁着光环。所以，当其他国家的自由主义者对《神圣同盟盟约》的用语和表述大为不满时，美国的舆论却十分平静。

1816年1月1日，亚历山大一世下令正式公布《神圣同盟盟约》。虽然《神圣同盟盟约》意图含糊，惹得欧洲一片哗然，但美国报界当时毫无反应，直到几个月后才开始报道。1816年8月26日，《纽约晚报》(New York Evening Post) 称："尼德兰国王威廉一世认为加入同盟有利于尼德兰王国的社会状况和国际关系，所以已经加入了神圣同盟。"1816年9月4日，《纽约晚报》又报道"神圣同盟的盟国可能将在卡尔巴斯德开会"，并对此发表评论，"显然，这次会议将讨论重大事宜，如果会议能讨论出加强国际团结的具体措施……想办法解决压在各国身上沉重的税收负担和庞大的军费开支等问题，那么神圣同盟就会为人类立上一功。"可以看出，这些评论对神圣同盟没有任何贬义。

1816年4月6日，美国巴尔的摩的报纸《奈尔斯每周纪事》[30]刊登了一篇文章，显示出美国民众对神圣同盟的高度赞扬。对一切增进国际团结、友善的计划，美国人民都不吝赞美之词。

神圣同盟的影响

1816年4月9日,"马萨诸塞和平社"致信沙皇亚历山大一世:"禀告沙皇陛下,本社是在俄罗斯帝国宣布三国签署《神圣同盟盟约》的那一周成立的。""马萨诸塞和平社"还表明其创社宗旨与《神圣同盟盟约》弘扬的精神不谋而合。而《奈尔斯每周纪事》当天则发布了一则消息,称驻圣彼得堡的美国大使"受到了隆重接待,正在进行重要谈判"。

对于神圣同盟,美国外交界没有负面评论,美国驻圣彼得堡的临时代办莱韦特·哈里斯(Levett Harris)的书信可以证明这点:

> 我相信您已经知道了在巴黎拟定的三国同盟条约……这个盟约完全源于沙皇亚历山大一世本人的智慧和仁慈,但我担心它崇高的目标难以实现。如果真的实现了,我们将见证欧洲拥抱和平,那些扰乱世界秩序、为祸人间的阴谋团体必然解体。[31]

哈里斯代表的是受过专业训练、经验丰富的外交官,他们以良好的判断力和善意为美国早期的外交关系奠定了基础。他虽然比谁都清楚,这些同盟国之间的嫌隙远非几句团结口号可以弥合,但仍然像许多美国同胞一样,希望亚历山大一世发起的神圣同盟能够给欧洲带来永久和平。不过,哈里斯并没有忽略当时盛传的俄罗斯帝国六十万军队正在备战的传言。他致信国务卿门罗,称:"这证实了至少在多瑙河沿岸地区,沙皇亚历山大一世正在准备发动武装进攻。"[32]

1816年夏，亚历山大一世致力于维护俄罗斯帝国和美国的友好关系，积极争取让美国加入同盟。1816年7月24日，哈里斯向国务卿门罗汇报了自己与亚历山大一世的重要顾问卡波·迪斯特里亚伯爵乔瓦尼·安东尼奥(Giovanni Antonio)的谈话：

> 安东尼奥和我谈了一个半小时，快结束时，他说他本打算跟我谈谈有关俄罗斯帝国、奥地利帝国、普鲁士王国三国君主签署《神圣同盟盟约》一事，希望了解一下美国政府对此事的态度。如果美国愿意加入同盟，沙皇亚历山大一世将热烈欢迎。他还说关于这个同盟，国际上有很多不实传言，但它的确是为维护欧洲和平而制定的严肃协议。只要亚历山大一世在位，就坚决维护欧洲和平。我说，众所周知，维护和平是美国的重要政治原则，并且在短时间内，美国没有任何理由放弃这个原则。*我知道威廉·平克尼*(William Pinkney)[33]*先生很快就要来了，所以我建议，对于他所提出的问题还是等平克尼先生来了再谈。*[34]

从1817年亚历山大一世给俄罗斯帝国驻美国大使安德烈·雅科夫列维奇·达什科夫(Andrey Yakovlevich Dashkov)的信中可以看出，亚历山大一世觉得自己的提议会得到美国政府友好的回应。在给俄罗斯帝国驻伦敦大使利芬伯爵的一封重要的信里，达什科夫说："可以肯定的是，美国政府打算申请加入神圣同盟。"[35]

达什科夫这个平庸的外交官，之所以有这样的错觉，可能是高估了充满理想主义的美国民众对外交政策的影响。一个盟约只要求缔约国按照《圣经》的教诲"彼此协助"，从而获得"信仰、和平、正义"，这种理念当然能煽动浪漫的美国人民，而美国人民的舆论有时确实能左右外交政策。美国被欧洲三个最反动国家的君主"以兄弟相待"的前景何其荒谬，虽然像"马萨诸塞和平社"社员这样单纯良善的百姓未能察觉其企图，还动情地向亚历山大一世表示敬意，但在外交官看来，盟约空洞无物，实在难以执行。美国公众只感动于盟约的慷慨陈词，却难以预见它可能产生的影响，更没有料到后来在亚历山大一世保守统治时期，他竟然把神圣同盟作为无条件支持"正统主义原则"的依据，这与美国弘扬的理念完全背道而驰。

达什科夫忽略了一个事实：当时美国正处于"和睦时代"[36]，民众根本无暇顾及外交事务。后来，这位俄罗斯帝国大使才认清现实，向驻伦敦大使利芬伯爵抱怨："就算我成了日本天皇，他们也不会关心我的。"[37]他还说，说服美国加入神圣同盟的可能性几乎为零。

在此之前，达什科夫曾在信中表示，对欧洲局势的发展，亚当斯和门罗持谨慎观望的态度。"美国政府非常关心神圣同盟将对欧洲产生的影响，以及欧洲如何看待这个同盟。但本届美国政府非常精明，所以仍在继续观望。"[38]同时，他还指出了一个重要事实："美国海军实力的增强，以及美国在美洲大陆商业利益的增长，正在剧烈影响美国的对外政策。"[39]

亚历山大一世虽然知道了美国对欧洲事务的漠然，但还是决心唤起这个年轻国家的国际责任感。1817年5月，亚历山大一世打算派迪德里克·冯·图耶夫·冯·塞罗斯克肯(Diederik van Tuyll van Serooskerken)前往美国，接替不受欢迎的达什科夫。[40]临行前，亚历山大一世指示塞罗斯克肯：

> 目前美国和俄罗斯帝国之间的交往，仅限于商业领域，政治上没有关联。唯一的例外是这次我受邀调解英国和美国之间的纷争。[41]在地缘上，美国不属于欧洲，政治上也只与英国、西班牙殖民地和法兰西王国有联系。

鉴于美国和法兰西王国的历史渊源，塞罗斯克肯奉命取道巴黎赴任，争取见一见法兰西王国首相黎塞留公爵，听听他关于恢复美国政府和法兰西王国政府之间关系的可行性和实用性的想法。[42]至于美国与西班牙王国的关系，塞罗斯克肯得到的指示是：见机行事，善加利用。"大使可以转达沙皇陛下的关切，但在得到指示前，切勿擅自行动。"对英美关系的问题，亚历山大一世也做了具体说明，只是明显不够真诚。塞罗斯克肯被告知，他的权限仅限于表达"亚历山大一世很乐意得知英美关系有所改善"。

然后，亚历山大一世开始孜孜不倦地指导塞罗斯克肯，作

为大使,他应如何让美国加入神圣同盟:

《神圣同盟盟约》制定的政策,是以签约国之间的基督教精神和兄弟联盟为基础的。《维也纳会议最后议定书》和《巴黎条约》的签约国中,有的也是《神圣同盟盟约》的缔约国,有的则不是。有的国家没有签署《神圣同盟盟约》是因为地缘关系,有的是出于政府意愿。显然,美国属于第二种。但美国也是基督教国家,应该参加神圣同盟。而神圣同盟的性质决定了,加盟必须出于自愿,出于对同盟倡导的精神的真心认同,而非被迫。由于我没有机会了解美国政府在这个问题上的真实态度,也不了解美国宪法是否禁止签署此类性质的协议,因此,我没有向美国发出正式邀请。现在,请大使先生代表我,详细了解美国政府对此事的态度。当然,在作任何决定前,大使先生肯定要先和美国国务卿亚当斯进行磋商。请大使先生留意,瑞士联邦议会发出邀请的方式可资借鉴。大使可以说明,瑞士联邦有几个邦表示愿意加入神圣同盟,还热情洋溢地写来了联名信,因为它们深信神圣同盟将会发挥作用。如果美国方面对我们的提议感兴趣,请大使先生进一步详细说明这个"基督教国家兄弟同盟"的意图,说明这个盟约最根本的动机是为了维护和平。如有需要,大使先生可以使用我1816年3月22日发布的通告及

1817年5月4日颁发的文件。请大使先生让美国政府相信，我将热烈欢迎美国对神圣同盟的支持。

不过，大使在采取任何行动前，请务必确认美国加入神圣同盟是民心所向……总之，在没有十足的把握前，请不要就此事和美国进行过于深入的探讨，否则就违背了同盟的团结精神和纯洁动机。[43]

不幸的是，塞罗斯克肯的任命，因一起突发的外交事件而中断，起因是俄罗斯帝国驻费城领事尼古拉·科兹洛夫（Nicolas Bergasse）被当地的法官判决入狱。虽然塞罗斯克肯从未将计划付诸实施，但从亚历山大一世给他的指示中，我们可以感受到亚历山大一世希望美国加入神圣同盟的急切心情。在争取美国的任务中，达什科夫行动不力，1819年6月，被皮埃尔·德·波列季卡（Pierre de Poletica）接替了职务。在下文，我们将看到亚历山大一世在给波列季卡的指示中，争取美国的心情更加迫切。

》 注释

1 神圣同盟是后来才约定俗成的惯用称呼。
2 关于英国摄政王乔治·奥古斯特·弗雷德里克（即后来的英王乔治四世）对神圣同盟的支持，据根茨分析，"他之所以写信并亲笔署名支持这个和平协议，有可能是草率了，也可能是既不支持也不反对，甚至还有可能是取笑亚历山大一世（最后一种可能性最大，因为他的签名除非一式两份，否则根本无效)"。

3 克莱门斯·冯·梅特涅：《回忆录》，第1卷，第209页—210页。

4 同3，第1卷，第211页—212页。

5 尼古拉·贝尔加斯：《尼古拉·贝尔加斯：革命中旧传统的捍卫者》，第261页—262页。

6 又称战神山议事会、亚略巴古法院。它原是位于希腊雅典卫城西北的一座山丘，之后由于雅典议会及民事和刑事案件的审理在此进行，阿雷奥帕古斯逐渐成为雅典最高法院的代名词。——译注

7 让-亨利·施尼茨勒(Jean-Henri Schnitzler)：《俄罗斯宫廷和政府秘史》(*Secret History of the Court and Government of Russia*)，第1卷，第70页—72页。

8 约瑟夫·德·迈斯特尔(Joseph de Maistre)：《约瑟夫·德·迈斯特尔书信集》(*Joseph de Maistre's Lettres*)，第1卷，第360页。在1815年10月的一封信中，迈斯特尔曾提到，圣彼得堡对《神圣同盟盟约》的评价："这份文件还没有正式发布，但已经在加特契纳当着伊丽莎白·阿列克谢耶芙娜皇后的面宣读过了……是沙皇亚历山大一世本人写的，写得非常文雅、感人。"

9 此信在尼古拉·米哈伊洛维奇(Nicolas Mikhailowitch)大公所著的《沙皇亚历山大一世》第1卷第171—第172页中录有全文。为使读者更清楚地了解信的内容，译者将此信附在了文中。——译注

10 即《神圣同盟盟约》。——译注

11 英国当时在位的国王为乔治三世，因患精神病，从1811年开始，由乔治三世的长子乔治·奥古斯特·弗雷德里克(即后来继位的乔治四世)摄政。——译注

12 艾蒂安-德尼·帕基耶：《回忆录》，第4卷，第22页。在此处，英国政府明确表示支持《神圣同盟盟约》所主张的基督教原则，但除了这次非正式的表态，再没有证据证明英国政府支持这个条约。

13 原文为the Throne，"宝座"之意，此处似以"宝座"借代"国王"。但如注11所说，英王乔治三世因患精神病，从1811年开始，由长子弗雷德里克摄政，所以此处可能是以"宝座"借代"摄政王"。——译注

14 《泰晤士报》，伦敦，1816年2月9日，第2版，第2栏。

15 同14，1816年2月10日，第2版，第3—4栏。

16 指19世纪20年代。——译注

17 拉尔夫·沃尔多·爱默生：《日记》(*Journals*)，1820年到1824年卷，第201页。

18 同17，第246页—247页。

19 指20世纪20年代。——译注

20　指20世纪20年代。——译注

21　但在早期，连卡斯尔雷子爵也"不得不表态，反对神圣同盟意图建立的欧洲体系"。查尔斯·格雷维尔（Charles Greville）：《回忆录》，第1卷，第105页。也可参阅《国会议事录》（Hansard's Debates），第2卷，第359页。

22　《四国同盟条约》第二条规定，缔约国要团结一致镇压"最近推翻法兰西政权的革命活动"。弗里德里希·冯·马滕斯：《新和约汇编》，第2卷，第735页—736页。

23　很多现代研究者都疑惑不解，为何英国会同意加入四国同盟，而反对神圣同盟，因为很多时候，四国同盟和神圣同盟表达的是同一意思。米尔纳·博伊斯（Myrna Boyce）：《1815年—1830年英国与四国同盟的关系》（The Diplomatic Relations of England with the Quadruple Alliance, 1815–1830），第7卷，编号1。

24　指1922年。——译注

25　《剑桥现代史》（Cambridge Modern History），第7卷，第324页—332页。沙皇亚历山大一世对英国和美国关系发展十分谨慎，对此，擅长外交评论的自由作家根茨在给俄罗斯帝国外交大臣卡尔·罗伯特·涅谢尔罗迭（Karl Robert Nesselrode）撰写的关于《枢密院令》的长篇报告里，提供了有趣的证据。卡尔·罗伯特·涅谢尔罗迭：《1760年—1850年的信函和公文》（Letters and Papers, 1760–1850），第4卷，第223页。

26　即1814年。——译注

27　威廉·阿奇博尔德·邓宁（William Archibald Dunning）：《大英帝国与美国》（The British Empire and the United States），第9页。

28　关于这场谈判的细节，请参阅弗兰克·A.戈尔德（Frank A.Golder）《俄罗斯帝国在1812年战争中的调停作用》（The Russian Offer of Mediation in the War of 1812），《政治学季刊》（Political Science Quarterly），第31期，编号3。

29　弗里德里希·冯·马滕斯：《新和约汇编》，第2卷，第659页。因为宗教原因，罗马教皇庇护七世（Pope Pius VII）依然拒绝加入神圣同盟。

30　全称为Nile's Weekly Register。——译注

31　莱韦特·哈里斯致国务卿詹姆斯·门罗的信，1816年1月4日（俄历16日），彼得格勒。

32　同31。

33　1817年9月，被任命为美国驻圣彼得堡大使。——译注

34　同31，1816年8月5日，彼得格勒。

35　美国手稿，1817年2月22日，俄罗斯帝国外交部。本书中引用的有关美国的文件手稿，都出自于弗兰克·A.戈尔德的《俄罗斯档案中的美国历史材料汇编》（Guide to Materials for American History in Russian Archives）。

36 "和睦时代"是指美国政治史上的一段特定时期,与门罗总统当政的(1817年—1825年)的时间基本重合。1815年,英美战争后,美国人爆发出空前团结的意愿。"Era of Good Feelings"(和睦时代)一词由本杰明·罗素创造,并在他创办的《哥伦比亚哨兵报》(*Columbian Centinel*)上首次使用。——译注
37 达什科夫致利芬公爵的信的手稿,1817年,俄罗斯帝国外交部。
38 同37。
39 同37。
40 约翰·科菲·伊尔特(John Coffey Hildt):《美俄早期外交谈判》(*Early Diplomatic Negotiations of the United States with Russia*),第10页。
41 根据《根特条约》的规定,俄罗斯帝国出面调停1812年英美战争。
42 详见法兰西王国首相黎塞留公爵邀请美国派代表参加亚琛会议的记录。
43 美国的指示手稿,1817年,俄罗斯帝国外交部。

第2章

神圣同盟的早期政策：美洲君主制

> 在古代，文明人认为，对愿意谈判的人贸然发动战争是最恶劣的罪行。反之，对拒绝公平谈判提议的人，大家可以群起而攻之，想尽办法对付他，因为他不是一个国家的敌人，而是所有国家共同的敌人。正因为如此，我们要谈判签约，要派人调解。
>
> ——格劳秀斯，《海洋自由论》(*Mare Liberum*)

《神圣同盟盟约》刚签署时，条约中并没有任何明确的政策。正是这种讳莫如深，让欧洲和美国的自由主义者忧心忡忡。越来越多的人开始怀疑，《神圣同盟盟约》就是"正统"的复苏，而局势后续的发展证实这样的怀疑并非多余。为达到自己不可告人的外交目的，奥地利外交大臣梅特涅装作不相信沙皇亚历山大一世的"雅各宾主义"，但在欧洲政治家中，似乎唯有他真心相信君主们可以无条件地团结。当然，他更相信自己有能力应付沙皇亚历山大一世这个变幻莫测的自由主义独裁者。[1]

沙皇亚历山大一世早期的自由主义思想其实已经让位给了一个新观念——君权神授——君主与人民的关系如同父子一

般。[2]《四国同盟条约》所谓"致力于共同利益"[3]，使亚历山大一世意识到如何在君民之间实现这种如同父子的关系。他开始敦促各国君主及其代表，保持联合抗法以来的欧洲传统，继续召开军政秘密会议，磋商欧洲事务。在这个过程中，亚历山大一世带头做出表率，只要欧洲需要召集会议，他就不远万里从俄罗斯帝国的首都圣彼得堡亲自前往。自盛大的维也纳会议后，欧洲各国也乐于享受这样的待遇。

拿破仑的威胁解除后，共同防御的动机也就不存在了。不过，另一场国际危机旋踵而至。就像第一次世界大战过后，世界迎来了"马克思主义浪潮"一样，拿破仑战争结束后，各种"党派"团体在世界各地秘密策划行动，使欧洲各国感到强烈威胁。面对革命浪潮，欧洲君主们再次团结了起来。

梅特涅曾批评亚历山大一世在这个时期的政策自相矛盾，甚至投机取巧。事实证明，在很大程度上，这个批评是中肯的。对于西班牙王国，亚历山大一世容忍了西班牙国王斐迪南七世(Fernando VII)政治上的愚蠢行为，包括恢复独裁专制、恢复宗教裁判所；在法兰西王国，路易十八(Louis-Stanislas-Xavier)坦言希望在遵守《1814年宪章》(Charter of 1814)的前提下，适当恢复"皇族"特权，但亚历山大一世因担心引发革命而干涉法兰西王国首相黎塞留公爵进行有利于贵族的选举改革；维也纳会议授权亚历山大一世全权处理波兰问题，在有机会于波兰问题上实现自己早年设想的改革时，亚历山大一世却采取了完全违背自己当年理想的政策。梅特涅认为沙皇亚历山大一世在波兰的肆意"扩张"

直接威胁到了奥地利帝国的利益。

梅特涅还指出，亚历山大一世在波兰的所作所为[4]导致自由主义在德意志地区迅速复苏。在欧洲联合抗法的英勇年代，普鲁士国王腓特烈·威廉三世身边一度围绕着不少自由主义者——海因里希·弗里德里希·卡尔·冯·施泰因男爵(Heinrich Friedrich Karl von Stein)、卡尔·奥古斯特·冯·哈登贝格(Karl August Fürst von Hardenberg)和威廉·冯·洪堡(Wilhelm von Humboldt)，但现在，梅特涅这样的保守大臣逐渐取而代之。1815年5月22日，正值滑铁卢战役前，普鲁士国王腓特烈·威廉三世向人民郑重承诺立宪。然而，受梅特涅的影响，腓特烈·威廉三世无限期地搁置了自己的承诺，坚定地走上了保守主义的道路。[5]1816年11月5日，德意志邦联举行第一次邦联议会，而这实际上只是邦联贵族间的一次外交聚会，在德意志各邦国，社会各阶层都十分不满奥地利帝国和普鲁士王国的压迫政策。

奥斯曼帝国苏丹马哈茂德二世(Mahmud II)——即便以欧洲标准来衡量，他也认为自己是个锐意改革者——无法理解亚历山大一世号召欧洲"基督教"国家团结起来的用意，因此难免焦虑。这不仅使奥斯曼帝国的朴特[6]充满疑虑，就连所有与奥斯曼帝国有利益干系的国家，也都认为神圣同盟暗藏着针对穆斯林领袖哈里发[7]的威胁。[8]

除了沙皇奉行的传统东方政策外，东正教的态度也让希望东欧维持稳定的人感到忧虑。俄罗斯帝国东正教现在公然同情塞尔维亚教友，支持其反对奥斯曼帝国以争取自由。亚历山大一世最倚重的东方事务顾问安东尼奥，已在圣彼得堡筹备泛希腊联合组织——"友谊社"(the Hetairie)。"友谊社"的社员正活跃在爱琴海周边国家，积极展开宣传攻势。跟苏丹马哈茂德二世一样，梅特涅和卡斯尔雷子爵也担心俄罗斯帝国的东正教发动东征。他们一致认为，奥斯曼帝国的领土问题决不能掺杂个人感情。

早在小威廉·皮特政府时期，英国就坚持一个原则：奥斯曼帝国领土的完整是英国在东方维持殖民霸权的重要基石。连维也纳会议决定对柏柏里海盗——承认奥斯曼帝国为其宗主——采取行动都遭到英国的反对，因为英国以地中海卫士自居，而对柏柏里海盗采取行动无疑会威胁英国的这一地位。[9] 1816年12月，亚历山大一世提出"亲如一家的基督教国家"应该一致打击海盗，制止他们给世界商贸带来的恶劣影响。英国觉得自己令人垂涎的海上霸主地位，又一次受到了挑战。[10]

作为神圣同盟和欧洲理事会(the European Directorate)的首个联合行动，亚历山大一世正式提议，除非奥斯曼帝国苏丹马哈茂德二世保证约束自己的藩属国突尼斯[11]和阿尔及尔的贝伊[12]，否则，欧洲各国应立即采取行动而无须进一步警告，直接摧毁他们的舰队，"直到他们无力重建"。

由于英国和奥地利帝国强烈反对，亚历山大一世撤回了这份提议。但1817年3月，欧洲各国宫廷开始盛传，西班牙王国与俄罗斯帝国签订了一份秘密协议，其中规定割让马翁，甚至还包括地中海上的其他军事基地。的确，唯有俄罗斯帝国获得了这样实质性的好处,才能解释圣彼得堡宫廷和马德里宫廷之间日益密切的关系。[13]俄罗斯帝国驻西班牙大使德米特里·塔季谢夫,曾受亚历山大一世指示尽可能讨斐迪南七世的欢心——尽管亚历山大一世已不屑于掩饰自己对这位心胸狭隘、反动保守的君主的厌恶了——甚至不惜纵容斐迪南七世愚蠢而残暴的统治方式。而俄罗斯帝国和西班牙王国关系亲密的另一个原因也很快显现了出来。

1810年,为了维护斐迪南七世的统治,反对约瑟夫·波拿巴(Joseph Bonaparte),西班牙的南美殖民地爆发了叛乱。英国趁机打破了西班牙王国过去一直拼命维持的利润丰厚的贸易垄断,坐收渔人之利。[14]亚历山大一世意识到在美洲贸易中,英美之间存在潜在的利益冲突,他希望美国加入神圣同盟,从而在他主导的国际协商会议上共同抗衡英国的影响力。亚历山大一世认为,美国对英国这个前宗主国的积怨由来已久——很多大国也误解了两国间的微妙情感,再加上1814年签订的《根特条约》加剧了美英两国因商业冲突而引发的敌对情绪,美国政府应该会默许俄罗斯帝国干预西班牙殖民地的革命运动。

维也纳会议后,在欧洲强国之间流传的"特殊主义"和"传统利益"观点,致使对奥斯曼帝国的问题和德意志邦联的问题的审议进一步被搁置。在亚历山大一世看来,干预美洲事务无疑是最不容易引起国际摩擦的。的确,接下来我们会看到,美洲事务常被这个新成立的"同盟"拿来大做文章,而且在亚琛会议之前的三年和后来的整个"国际会议时代"也被当作头等大事。有了亚历山大一世的支持，欧洲君主们开始正式介入南美洲事务。

此时，西班牙王国、俄罗斯帝国和英国都是争食美洲的大鳄。在欧洲君主制拥护者的眼里，西班牙国王名义上是这片新大陆地理上最重要的一片领土的统治者。西班牙国王的"印度群岛皇帝"的头衔，虽然一直遭到一小部分人的强烈抗议，但还是受到南美洲大部分人的尊重。在独立斗争初期，几乎没有人表示不愿效忠西班牙国王。统治阶层，包括拥有特权的神职人员，对革命运动大多不感兴趣，甚至抱有敌意，因为革命最终必然损害他们的特权。倾向于民族自治或持观望态度的，大部分是印第安人和欧印混血儿。[15]

在北美洲，沙皇统治着从阿拉斯加一直到加利福尼亚海岸的广袤土地。1812年，因政策激进而素有"小沙皇"之称的总督亚历山大·安德烈耶维奇·巴拉诺夫 (Alexander Andreyevich Baranov)，在距离旧金山以北三十英里的博迪加贝海湾附近，创建了一个殖民地。[16]创建于1799年7月8日的俄美公司，获得了北纬55°以北美国海岸的专属管辖权。这种索取是建立在1808年和1810年俄罗斯帝国外交抗议美国政府放任贸易商入侵的基础上的。[17]

虽然对于欧洲国家长期在美洲殖民的无度索取，美国政府一直很容忍，但当奥地利帝国、德意志邦联、法兰西王国，甚至所有欧洲国家——除了无关紧要的极个别国家——因同情遭遇叛乱的西班牙国王斐迪南七世而一起扼杀共和思想，干预殖民地的独立运动时，美国政府就不能容忍了。

对于委内瑞拉和拉普拉塔的革命,虽然神圣同盟从来没有明确表态,但其根本原则是维护君主制。[18]

对于这个问题,首先需要说明,南美洲虽然多年来都处在西班牙国王斐迪南七世荒唐、残暴的统治下,却依然对君主制有着深深的眷恋,甚至连著名的革命者西蒙·玻利瓦尔(Simon Bolivar),也不是一个坚定的共和派。

> 我向上帝祈祷(他在一封信中描绘了美洲加入"和平同盟"的愿景),希望有一天我们也能享受这种幸福——美洲的共和国、王国和帝国的代表举行庄严的会议,共同商讨美洲国家之间,甚至是美洲和世界其他国家之间,战争与和平这样的重大问题。[19]

在《美洲君主制》(La Monarquia en America)一书中,卡洛斯·德·比利亚努埃瓦(Carlos de Villanueva)翔实阐述了美洲早期独立运动史。美洲第一次独立运动旨在"维护斐迪南七世在美洲的统治",但在斐迪南七世于巴约讷退位,约瑟夫·波拿巴即位后,独立运动就群龙无首了。当时,整个南美洲都强烈希望由波旁家族成员来接替被废黜的斐迪南七世。布宜诺斯艾利斯的一个极端保皇党派与避难到里约热内卢的葡萄牙王室商讨,希望葡萄牙摄政王若昂(Dom Joao)能让其妻子——西班牙的卡洛塔·若阿金娜(Carlota Joaquina)——被迫退位的西班牙国王斐迪南七世的姐姐——重返西班牙,领导正在等待斐迪南七世归来的政府。而委内瑞拉的爱国者们则寻求"将之前的都督区变成独立省，创建一个自己的王国，再从西班牙的波旁家族中，挑选一个大家满意的国王"。[20]然而，布宜诺斯艾利斯的保皇运动被加的斯军政府游击队击败了。1811年12月，在加拉加斯，革命者采纳了美国领事罗伯特·劳里 (Robert Lowry) 的建议，采取了共和立宪制。[21]在《美洲君主制》中，比利亚努埃瓦称，虽然图库曼会议在1816年最终选择了共和制，但其议会是"公开支持君主制"的。[22]

在给法兰西王国首相黎塞留公爵的一封信中，法兰西王国驻华盛顿大使伊德·德·纳维尔男爵让-纪尧姆 (Jean-Guillaume) 陈述了自己对南美洲的设想——建立一个或几个君主制国家，由波旁王朝的王子们担任君主。他甚至希望以法兰西王国出面为美国斡旋佛罗里达问题，来换取美国对这个计划的默许。[23]

亚琛会议召开后，形势逐渐变得明朗。在这之前，美国一直误认为，俄罗斯帝国——而不是自己的贸易竞争对手英国——的南美政策才是最有利于南美"自由"事业的。这很可能是因为美国盲目相信沙皇亚历山大一世是个自由主义者。1815年12月10日，美国国务院在给当时身处伦敦的亚当斯的指示中提到，传言"西班牙王国已将佛罗里达割让给了英国"，而英国派遣的远征军正在前往该地区，美国为此深感忧虑。[24]

美国政府给亚当斯的指示包括：了解英国对"南美革命已经取得长足进展"有何想法？打算采取什么行动？这些西属殖民地获得独立是否更符合英国利益？如果美国和西班牙王国之间爆发冲突，英国政府将采取什么立场？同时让英国政府了解，在这些独立地区，美国不会要求任何贸易优惠，只要求和大多数国家一样享有平等待遇。[25]亚当斯很快回复说："许多人强烈怀疑西班牙政府依赖英国政府的支持。"[26]

美国指示驻圣彼得堡的临时代办莱韦特·哈里斯（Levett Harris），进一步确认他所认为亚历山大一世会支持西班牙殖民地独立的看法。1816年年底，哈里斯报告说，亚历山大一世在意的是欧洲的长治久安，绝不希望通过对某些个人行为以及所谓革命私掠者的掠夺性交涉来引起美国政府的不满。[27]

1817年，亚历山大一世既希望获得美国的支持以抗衡英国，又担心美国处理佛罗里达问题及干涉南美洲叛乱时会违反君主"调解"机制。[28]1817年2月22日，通过驻伦敦大使利芬伯爵，俄罗斯帝国驻华盛顿代表达什科夫向俄罗斯帝国报告："詹姆斯·门罗已宣布当选总统，并决心不惜一切代价夺取佛罗里达。美国将派遣舰队前往地中海，速度会比西班牙王国料想的更快。"

1817年9月，刚刚上任的美国驻圣彼得堡大使威廉·平克尼(William Pinkney)从圣彼得堡致函：

> 沙皇亚历山大一世和西班牙国王斐迪南七世关系亲密，甚至不时"公开示爱"。虽然亚历山大一世一向不干预西班牙在欧洲以外的事务，但这次西班牙殖民地的民众反对国王斐迪南七世，试图脱离西班牙王国的统治成立共和国，可能会导致更多欧洲国家联合起

来打击和镇压殖民地的独立运动。如果明年(1819年)夏天欧洲各国真的要在亚琛再次举行欧洲会议,或进行君主会晤,我相信南美洲的问题一定是议题之一。[29]

美国和俄罗斯帝国对彼此的举动都十分关注并怀有戒心。1817年5月,俄罗斯帝国驻华盛顿代表达什科夫再次致信俄罗斯帝国驻伦敦大使利芬伯爵:

> 显然,美国在全世界的感召力,可能远比欧洲愿意承认的大……伯南布哥已经宣布独立,实行共和。这可不是一时的骚乱,而是有准备的革命运动,这自然引起了葡萄牙政府和整个巴西的不安。

1817年9月24日,达什科夫写道:

> 美国持续支援西班牙叛军,向其提供私掠船等。[30]

亚历山大一世将要干预美洲的传言使美国国务院越来越焦虑。在奉命研究俄罗斯帝国的美洲政策后,美国驻圣彼得堡大使威廉·平克尼得出了不幸的结论:"毫无疑问,俄罗斯帝国即将向加的斯派遣舰队。"[31]事实是,俄罗斯帝国驻西班牙大使德米特里·塔季谢夫向西班牙国王斐迪南七世出售了五艘几近报废的军舰,供西班牙王国向南美洲运送军队。[32]幸好,平克尼紧

接着又写了一封信,让美国安心了不少:

> 在上一封信中,我讲到俄罗斯帝国出售了军舰给西班牙王国,这证明俄罗斯帝国对西班牙殖民地运动的立场绝非中立。但至少沙皇亚历山大一世没有表示要直接参与镇压殖民地叛乱,所以不妨将这看作是一桩纯粹的买卖。[33]

到了1818年年初,美国将军安德鲁·杰克逊(Andrew Jackson)率军进入西班牙王国的领地佛罗里达,并占领了圣马克和彭萨科拉,导致局面更加复杂了。以辉格党领袖亨利·克莱(Henry Clay)为首,美国人民要求美国政府承认南美殖民地独立的呼声越来越高。[34]看来,美国不但准备挑战西班牙王国,甚至打算与欧洲君主联盟一较高下。

与此同时,美国担心的事情终于发生了:欧洲列强开始"调停"西班牙殖民地的叛乱。调停的机构为设在巴黎的盟国部长理事会(the Council of the Ministers of the Allied Powers)——相当于后来的欧洲理事会,代表四国同盟成员国的内阁。在俄罗斯帝国大使塔季谢夫的鼓动下,西班牙国王斐迪南七世正式要求欧洲各国协助西班牙王国平定殖民地的叛乱。[35]同时,西班牙王国还要求欧洲大国对葡萄牙王国采取军事行动——葡萄牙王国支持拉普拉塔河东岸地区的叛乱,使南美洲殖民地叛乱的问题变得更为复杂。在这个问题上,沙皇亚历山大一世和他的追随者发现，他们被英国的政策束缚了手脚，因为英国内阁由始至终地坚决反对任何倾向于"武装干预"的最终行动。在沙皇亚历山大一世看来，英国政府的这一政策蓄意阻挠了他实现维护世界和平的国际计划。[36]

早期参与调停的英国公使，不是别人，正是令人敬畏的威灵顿公爵阿瑟·韦尔斯利(Arthur Wellesley)。虽然英国驻巴黎大使查尔斯·斯图尔特(Charles Stuart)已经代表英国参加了调停会议，但威灵顿公爵还是亲自出马主持谈判。俄罗斯帝国代表卡洛·安德烈亚·波佐·迪·博尔戈(Carlo Andrea Pozzo di Borgo)抱怨说："我们的伙伴——奥地利代表和普鲁士代表的表现，让我不得不怀疑，他们接到的指示是唯英国政府马首是瞻。"[37]

博尔戈，这个可怜的俄罗斯帝国公使第一次撰写"国际协作"这篇命题文章，就发现前面的道路困难重重。亚历山大一世通过《神圣同盟盟约》将"国际协作"变成了神圣的信念，又通过《四国同盟条约》使之正式确立。博尔戈勇敢地面对强大的反对力量，努力引导舆论，一方面竭力争取对俄罗斯帝国有利的政策，另一方面努力维护亚历山大一世的"国际主义"原则。英国和俄罗斯帝国在进行政策辩论时，博尔戈称："并非我偏袒俄罗斯帝国，但我国内阁的主张简单、明了、易行，不仅目标明确，还提供了具体手段，是坦诚、互惠、友好的。而我也必须要指出，我们的盟友英国，心存戒备，其政策语焉不详，好像完全不在乎能否实现调停。"[38]

博尔戈还抱怨说："表面上，各国为了维护四国同盟，将法兰西王国和西班牙王国排除在外,实际是为了造成俄罗斯帝国以一对三的局面。"不过,让博尔戈感到满意的是,西班牙外交大臣M.皮萨罗(M. Pizarro)先生告知参与调停的各国,如果英国支持葡萄牙,那西班牙王国就要和美国就佛罗里达问题达成解决方案。"只有如此才能让英国政府明白,西班牙王国完全可以这样处置佛罗里达,而最终危害的就是英国在美洲的利益了。"[39]

"眼看这一场乏味的谈判即将结束",就在这个节骨眼上,威灵顿公爵却失去了耐心,匆匆离开了谈判现场前往伦敦,由查尔斯·斯图尔特(Charles Stuart)爵士接替。没有威灵顿公爵坐镇,西班牙公使和葡萄牙公使立刻激烈争吵起来。为胜过对方,双方不仅玩起了微妙的文字游戏,甚至公然使用起一些早已过时的外交权谋。在信中,俄罗斯帝国公使博尔戈写道:"这两位公使颟顸无能、反复无常,导致局面一团乱麻,各国代表实在不指望他们能达成什么解决方案。那些还算有正义感、责任心的代表,虽然顾不上考虑如何令当事人满意,但为了完成本国政府交给自己的使命,总算制定出了在各国代表看来最大限度满足西班牙和葡萄牙在美洲权益要求的协议条款。"[40]

不久之后,博尔戈致信俄罗斯帝国外交大臣涅谢尔罗迭,汇报调停的进展:

> 为了结束西班牙和葡萄牙的分歧而进行的调停,目前唯一的成果就是连篇累牍的会议记录,和双方强词夺理的论辩。西班牙全权代表和葡萄牙全权代表终

于同意交换和签署秘密协议。协议规定巴西[41]不得承认布宜诺斯艾利斯的叛军政府,并需配合西班牙采取除战争之外的任何行动,迫使叛军向西班牙投降。同时,西班牙全权代表表示,鉴于葡萄牙国王若昂六世(João VI)对西班牙国王斐迪南七世的支持,西班牙王国愿意割让一部分领土,以修正两国在美洲的边界。[42]

博尔戈还用了大量篇幅,讲述俄罗斯帝国驻西班牙大使德米特里·塔季谢夫和西班牙外交大臣M.皮萨罗之间的私人恩怨,并感慨西班牙和葡萄牙如何在欧洲调停者们面前出尽了洋相。"当年,西班牙王国贵为世界上最大的殖民帝国,如今竟沦落到如此无能的地步。国家危机当前,马德里的西班牙内阁就像一个旁观者,在洪水滔天的时刻,还在忙着跟假想敌打得不可开交,自作孽,不可活。而在巴西的葡萄牙王室[43]则把自己周边弄得乌烟瘴气。"[44]

1818年9月,博尔戈向圣彼得堡汇报了重大消息:"拖延了三周后,英国政府终于明确宣布,绝不支持西班牙王国的要求。"所谓"西班牙王国的要求",是指西班牙国王斐迪南七世要求参加亚历山大一世准备在亚琛会议期间召开的专门讨论西班牙问题的秘密会议。但不知为何,西班牙公使误判了形势,竟然扬言,西班牙国王斐迪南七世参加亚琛会议的前提是获准参加秘密会议,并且坚称"英国必须承诺公开反对叛军,以免叛军因抱有幻想而拒绝和谈"[45]。最后,博尔戈提醒俄罗斯帝国

警惕美国对欧洲事务的影响:

> 这些误判,一方面导致叛乱升级,另一方面导致局势更有利于美国。很长一段时间以来,本人有幸能够提醒我国政府,西班牙王国在美洲殖民体系的瓦解将有利于美国政府。现在,佛罗里达将被割让给美国,这一点确定无疑。美国将沿墨西哥湾继续扩张,直到获得周边的全部地区,这片宽阔的水域注定都是美国的。[46]

在亚琛会议上,欧洲将继续调停西班牙国王斐迪南七世和葡萄牙政府之间的矛盾,包括双方关于拉普拉塔河东岸地区的分歧,以及应斐迪南七世的要求,协商如何"安抚"叛乱的西班牙殖民地。亚历山大一世则越来越固执地认为,西班牙王国在南美洲遇到的困境恰恰是一个好机会,可以让欧洲大国更坚定并践行"协调行动"的理念。亚历山大一世在《给诺沃西利采夫的指示》中率先提出了这一理念,现在他坚信这一原则对神圣同盟的成员国具有约束力。从眼前的形势看,正式出台"欧洲理事会""相互保障"等一系列措施的时机已经成熟。当年在维也纳会议上,自己迫于形势不得不舍弃的"宏大构想",如今一定要得到应有的重视——亚历山大一世下定决心。在他的构想中,"把欧洲组织起来"是确保将"正义、仁慈、和平"作为统治原则的第一步。

» 注释

1 在《回忆录》中,米克洛什·约希卡(Miklós Jósika)男爵讲道:1815年7月12日,在从法兰克福到巴黎的漫长旅途中,亚历山大一世和梅特涅结伴而行,亚历山大一世"一说起这事儿,就数小时滔滔不绝",完全是一种信徒式的热情。沙皇亚历山大一世还有了新的理论,认为"欧洲君主间的关系就应该用宗教的纽带来维系,不受其他任何因素影响"。见《匈牙利评论》(*Revue de Hongrie*),1908年,第2卷,第542页。

2 1816年12月13日,关于亚历山大一世的"自由主义"思想,美国驻圣彼得堡临时代办哈里斯曾向美国国务卿门罗报告:"这些事好像没有专门的大臣负责,他完全是凭自己的意愿和喜好作决定。"莱韦特·哈里斯致国务卿詹姆斯·门罗的信,1816年12月13日。

3 《四国同盟条约》第六条。弗里德里希·冯·马滕斯:《新和约汇编》,第2卷,第737页。

4 指沙皇亚历山大一世在波兰立宪。——译注

5 安托南·德比杜尔:《欧洲外交史》,第1卷,第114页。

6 朴特,又称庄严朴特、最高朴特、高门,是奥斯曼帝国政策制定的地方。——译注

7 哈里发为阿拉伯帝国最高统治者的称号,相当于皇帝,同时又以统治所有逊尼派穆斯林的精神领袖的意味,所以又类似于天主教皇。——译注

8 1816年1月16日,美国驻圣彼得堡临时代办哈里斯向国务卿门罗报告:除了在法兰西的占领军,欧洲各国早已遣散了军队。只有俄罗斯帝国仍然维持战时编制,士兵数量将近六十万人。莱韦特·哈里斯致国务卿詹姆斯·门罗的信,1816年1月16日。

9 尤金·斯凯勒(Eugene Schuyler):《美国外交》(*American Diplomacy*),第226页。

10 关于美国公使莱韦特·哈里斯和安东尼奥之间的会谈,哈里斯在1816年7月24日给美国驻圣彼得堡大使馆的信函中,表达了自己的愤怒:"在阿尔及尔,为了更改关于美洲的条约,埃克斯茅斯勋爵爱德华·珀柳(Edward Pellew)无所不用其极。"

11 即要求苏丹马哈茂德二世约束柏柏里海盗。——译注

12 突厥语中的"首领"或"酋长"之意,后来成为奥斯曼帝国属地及中亚、南亚地区伊斯兰教人士的一种头衔,有"总督""老爷"等意思。在突尼斯,1705年至1957年的王朝统治者被称为"贝伊"。——译注

13 同5,第1卷,第100页。

14 威廉·罗伯特·谢泼德(William Robert Shepherd):《拉丁美洲》(*Latin America*),第

72页—74页。

15　同14，第70页。

16　罗伯特·格拉斯·克莱兰（Robert Glass Cleland）:《加利福尼亚并吞初期的民族情绪》(The Early Sentiment for the Annexation of California)，转载于《西南历史季刊》(Thg Southwestern Historical Quarterly)，第18期（1914年—1915年）编号1、2、3，第7页。

17　约翰·科菲·伊尔特:《美俄早期外交谈判》，第47页。

18　法兰西王国驻伦敦大使夏多布里昂，1821年5月阐述了神圣同盟的政策:"如果欧洲必须要承认美洲这些军政府，那么欧洲的唯一立场是支持君主立宪制，而不支持共和制。"弗朗索瓦–勒内·德·夏多布里昂:《墓畔回忆录》(Mémoires d'outre-tombe)，第7卷，第400页—401页。

19　约翰·巴西特·莫尔（John Bassett Moore）:《亨利·克莱与泛美主义》(Henry Clay and Pan-Americanism)，哥伦比亚大学期刊（Columbia University Quarterly），1915年9月，第347页。

20　卡洛斯·德·比利亚努埃瓦:《美洲君主制》，第1卷〔《西蒙·玻利瓦尔和何塞·德·圣马丁将军》(Bolivar y el General San Martin)〕，第10页。

21　同20，第18页。

22　同20，第45页。

23　让–纪尧姆:《回忆录》，第1卷，第267页—279页。

24　工作指示手稿，美国国务院。

25　工作指示手稿，美国国务院。

26　美国国务院致美国驻英国大使约翰·昆西·亚当斯，1816年2月2日，工作指示手稿。

27　美国驻圣彼得堡临时代办哈里斯致美国国务卿门罗的信:"目前西班牙王国和葡萄牙王国的分歧，是圣彼得堡唯一高度关注的事。对于这个问题，沙皇亚历山大一世表示热切关注。关于最近一次和俄罗斯帝国驻西班牙、葡萄牙两位公使的谈话，我的印象是，任何破坏欧洲和平的行为，沙皇亚历山大一世都不会轻饶。两位公使向俄罗斯帝国有关部门，正式汇报了西班牙王室和葡萄牙王室的意见和主张。"莱韦特·哈里斯致美国国务卿詹姆斯·门罗的信，1816年12月14日（俄历26日）。

28　1817年，纽约柯克与梅辛出版社，十分罕见地匿名出版了一本关于沙皇亚历山大一世外交政策的小册子，叫《1817年俄罗斯帝国军事和政治力量概述》(A Sketch of the Military and Political Power of Russia in the Year 1817)，美国西点军校的图书馆里还保存着一份副本。其中有一段有趣的评价，论述沙皇亚历山大一世在那个时期扮演的角色:"现在，沙皇亚历山大一世挥舞着权杖，他也确实有这个实力。

拜他那些恶毒的顾问所赐，他原先的哲学思想已所剩无几。不过，以前了解沙皇亚历山大一世的人，还忍不住抱有希望，希望他能保持初心，不会执行这样一种基于暴政、无知和狂热的政策。"

29 威廉·平克尼致美国国务卿理查德·拉什（Richard Rush）的信，1817年9月13日（俄历25日）。

30 达什科夫致利芬伯爵的信，1817年，俄罗斯帝国外交部。

31 平克尼致美国国务卿亚当斯的信，1817年9月2日（俄历9月14日）。

32 《剑桥现代史》，第10卷，第210页。

33 同31，1817年10月11日，俄罗斯帝国外交部。

34 同17，第119页。

35 同5，第1卷，第108页—109页。

36 1818年6月30日（俄历7月12日），博尔戈致信俄罗斯帝国外交大臣涅谢尔罗迭，抗议英国政府的态度："本来明明是很公平的事，可整整两年来，英国政府一直在努力说服马德里的内阁相信，如果继续服从俄罗斯帝国国会，西班牙王国的利益将受到损害。英国政府的计划是先用疲劳战术拖垮西班牙谈判官员。为此，英国政府计划先让葡萄牙外交人员疲于奔命，然后让西班牙王国和葡萄牙王国都只能依靠英国的调停。这样一来，英国就能决定如何调停这两个国家的矛盾，甚至安抚住南美洲。"博尔戈致涅谢尔罗迭的信，载《1814年—1830年法俄大使和公使的外交信函》(*Correspondence diplomatique des ambassadeurs et ministres de France en Russie et de Russie en France de 1814–1830*)，1818年卷，编号387。

37 《1814年—1830年法俄大使和公使的外交信函》，1818年卷，编号387。

38 博尔戈致安东尼奥的信。《1814年—1830年法俄大使和公使的外交信函》，1818年卷，编号663。

39 安东尼奥致涅谢尔罗迭的信。《1814年—1830年法俄大使和公使的外交信函》，1818年卷〔6月30日（俄历7月12日）〕，编号752。

40 同39，1818年卷〔7月25日（俄历8月6日）〕，编号698。

41 巴西这时是葡萄牙王国的殖民地。——译注

42 同39，1818年卷〔7月25日（俄历8月6日）〕，编号698。

43 1807年拿破仑·波拿巴入侵葡萄牙，葡萄牙王室迁往巴西，直至1820年才迁回里斯本。——译注

44 同39，1818年卷〔7月25日（俄历8月6日）〕，编号698。

45 同39，1818年卷〔8月27日（俄历9月8日）〕，编号713，第812页。

46 同39，1818年卷〔8月27日（俄历9月8日）〕，编号713，第812。

第3章

亚琛会议

> "如果允许盟国来去自由,似乎就不会有持久的国际联盟……但一旦加入同盟,就不可能抽身而去,因为一旦如此,就会成为所有盟国的公敌。"
>
> ——圣皮埃尔神父,《永久和平方案》

1818年4月,在亚历山大一世的指示下,俄罗斯帝国外交部起草了公告,进一步阐明结盟的好处。公告敦请欧洲各国不仅要坚定不移地维护由各项条约建立起来的欧洲体系,还要进一步加强联系。这份公告以"秘密备忘录"(Confidential Memoir)的形式发送给各国内阁。[1]下文节选部分不仅可以证明当时保守主义已蔓延到亚历山大一世的周围,也可以说明亚历山大一世本人的信念。结合亚琛会议的决议来看,这份"秘密备忘录"的意义十分重大。

> 在这个难忘的历史时刻,欧洲各国只有团结一心,才能遏制革命思潮,创建新秩序,保卫欧洲各国的共同利益,实现公平正义。收获以上成果靠的是:第一,

大国之间的联盟既要坚持原则,又要顺应时局演变,从而使之不断完善成为所有欧洲国家的大联盟;第二,恢复法兰西合法政府,以制度[2]将波旁王朝及其子民的权利不可分割地结合起来;第三,维也纳会议后的宣言;第四,1815年在巴黎发表的一系列声明。[3]

"秘密备忘录"里有一句话特别重要,因为它囊括了亚历山大一世最喜欢的理念:

> 人们因革命而遭受的所有苦难,都是过去的错误的必然结果,即个人主义和部分或完全排他性的政治联合。[4]

这份"秘密备忘录"因为只供同盟国的外交官员阅读,所以不但丝毫不掩饰其宣扬的构建欧洲体系的基石——保守主义思想,还在结尾部分特别强调:

> 各国此次相互联合,好处不计其数:安定了国内秩序,明确了国家制度和个人权利都不容侵犯;确认了各国的合法统治者,[5]明确了无论是旧有的,还是刚生效的条约,都神圣不容挑战;确认了各国的领土边界。为维护这些成果,广泛结盟的原则必须被不断巩固,并根据形势需要不断发展。[6]

不能否认，虽然此时亚历山大一世的思想已经完全从共和与自由主义，转变为君主专制主义，但他成立神圣同盟时的抱负是远大的。亚琛会议前夕，在给俄罗斯帝国驻巴黎公使博尔戈的一封私信里，安东尼奥引用了亚历山大一世的一段原话。这段话，结合上文的"秘密备忘录"，完全可以证明亚历山大一世的良苦用心。

> 我希望法兰西王国兴盛，希望其国力不断增强，这与我个人或者俄罗斯帝国并无干系，而是为了全世界的利益。法兰西王国的损失就是欧洲的损失，法兰西王国的灾难就是欧洲的不幸。因此，为法兰西王国谋幸福与安定，是欧洲的利益所在。欧洲大国都应相互合作，并坚守大家在条约中做出的承诺。欧洲各国的外交部，都应该把为法兰西王国谋幸福和安定当作主要的奋斗目标。否则，无论是法兰西王国还是欧洲都将前途黯淡。

> 虽然博尔戈努力遵守这些原则，但仅仅是奉命而为之，他本人并不认同。在他的信件中，每一封都透露着他作为臣子的忠诚和热情，他一心想凭借自己的远见，从未来的各种结盟中获利。他知道奥地利帝国、英国、普鲁士王国一直质疑我们参与欧洲事务的合法性。在预料到法兰西王国全面恢复主权后可能出现的局面，他打算通过赢得法兰西王国的外交支持(如果可能，还有

西班牙王国的支持），来抗衡奥地利帝国、英国、普鲁士王国。有了这些支持，他对未来充满信心。

　　博尔戈的这种见识，只会妨碍国际体系的建立，也玷污了我们建立同盟的纯洁动机。这种想法一旦被其他国家的外交官员知晓，必然会引起他们的怀疑和提防。采取这种路线，我们会不由自主地走上歧途。不但无法通过正大光明的手段，实现我们承诺的维护国际和睦、团结的高尚目标。相反，我们所有努力，都会成为不光彩的结党营私、阴谋诡计。这样下去，我们迟早会为了拉拢一些国家而对抗另外一些国家。我们一定不能忘记，我们所做的一切，都是为了维护欧洲的和平。但这条路会把我们引向何方呢？[7]

在审视以上这番话时，我们一定要牢记，这不是一份公开的声明，而是沙皇亚历山大一世和其顾问安东尼奥之间的私信。安东尼奥将信转述给了亚历山大一世批评的对象博尔戈本人，而信的内容决定了博尔戈不愿意将其公之于众。正因如此，这份材料才十分重要。它足以证明，虽然亚历山大一世成立神圣同盟的动机无论在当时还是现在都饱受质疑，但他的用心确实是良好的，目的是真诚的。同时，这些私下的真心话也解释了，为何像门罗、亚当斯这样的人，虽然明确反对亚历山大一世的同盟政策，却一直欣赏、敬重亚历山大一世本人，从而我们也理解了，以见识过人而闻名的夏多布里昂为什么会说：亚历山大一世是这个时代除拿破仑以外最伟大的人。

要让一些政治格局、文化背景各不相同的国家，遵循着同一个外交政策同步前进，难度与日俱增。从一开始，英国内阁就反对亚历山大一世没有具体内容、仅凭兄弟友爱结盟的理念，所以不赞成神圣同盟。英国内阁认为，明确的行动方向必须基于内容明确的条约，比如《肖蒙条约》和《巴黎条约》。连最初并不反对神圣同盟的英国外交大臣卡斯尔雷子爵，也很快意识到这是挽救这个主要基于"最终"决定的国际体系的唯一途径。英国国会从一开始就认为英国的传统外交原则与亚历山大一世理想化的"欧洲协调行动"之间，存在难以调和的矛盾。[8]

因为亚历山大一世的坚持，1815年11月20日签订的《四国同盟条约》的第六条明确了所谓"欧洲联合政府"的运作机制。此后召开的一系列欧洲会议，让亚历山大一世仿佛看到了欧洲立法体系正在成形——欧洲大国代表出席会议，协商解决涉及共同利益的事务。

维也纳会议的前车之鉴，显然没有打击亚历山大一世对国际辩论的热情。他一心想再次召开国际会议，却遭到了英国，甚至奥地利帝国、普鲁士王国的反对。这些国家都认为，亚历山大一世提议西班牙王国甚至更小的国家共同参会，很可能会导致法兰西王国十分尴尬。[9]圣彼得堡一直盛传——甚至亚历山大一世本人也承认——由于对盟国的表现很失望，亚历山大一世考虑让复辟的波旁王朝君主路易十八也参与同盟。[10]最后的解决办法是双方各让一步——亚历山大一世如愿召开自己心心念念的国际会议——1818年9月30日，在亚琛召开会议。但参会国家仅限欧洲四强，一再请求参会的西班牙国王斐迪南七世，报怨俄罗斯帝国抛弃了他。会议中，法兰西王国首相黎塞留公爵被邀请介绍波旁王朝恢复统治后法兰西王国的现状。

虽然波拿巴主义者和其他"革命分子"的不少行为，让《巴黎条约》的缔约国心存忧虑，但此时，法兰西王国首相黎塞留公爵已经完全获取了亚历山大一世的信任。这也是十分有政治头脑的路易十八，当初选择启用这位前俄罗斯帝国官员[11]取代塔列朗的目的。黎塞留公爵用了将近一年时间反复强调，有了欧洲联盟体系的制约，法兰西王国即使图谋不轨也不会得逞。这正符合亚历山大一世的理论，焉能不得他欢心？同时，黎塞留公爵还坚称，要约束法兰西王国，就必须将它纳入欧洲联盟体系。[12]

法兰西王国宫廷与俄罗斯帝国宫廷之间越来越亲密，欧洲各国看在眼里，忧心忡忡。但在亚琛，与黎塞留公爵会晤后，英国外交大臣卡斯尔雷子爵打消了顾虑，并宣布亚历山大一世已经向威灵顿公爵、奥地利外交大臣梅特涅以及他本人保证：俄罗斯帝国军队及亚历山大本人，随时听候欧洲差遣。[13]

从《四国同盟条约》签署之日起，法兰西政府表现出了最大的诚意，努力配合反法同盟国强加给它的各种经济限制，不仅积极地如期支付当时被视为数额巨大的战争赔款，甚至还改善了自己在国际上的金融状况。[14]到1818年4月底，法兰西政府已经全部清偿了欠反法同盟国的五亿法郎债务。通过重组军队，路易十八的政府稳定了国内局势。此时，占领军已没有任何正当理由继续驻扎在法兰西境内，并且在长期驻扎法兰西的外国驻军中也开始出现危险的自由主义苗头——外国士兵们开始亲密接触那些欧洲革命运动的始作俑者。[15]

不过，在最终放松对法兰西政府的控制之前，各国希望在法兰西王国首相黎塞留公爵那里得到一些保证，以确保法兰西王国日后会循规蹈矩。因此，亚琛会议的前几场谈判，全在围绕这个议题进行。

关于盟军撤离法兰西的讨论简短而直接，因为几乎所有撤军的先决条件都已落实。法兰西国王路易十八收到一份1818年10月2日签署的协议，被告知外国军队将于1818年11月30日之前全部撤离。听到这个消息，法兰西王国举国欢腾。[16]

现在的问题是，路易十八的代表参加欧洲联盟会议的合法依据是什么？法兰西王国如果签署了《肖蒙条约》，就意味着它同意损害自己的利益，甚至反对自己的军事重建。1818年10月3日，英国外交大臣卡斯尔雷子爵正式提议：依据《四国同盟条约》第六条，允许法兰西王国与会。第六条规定：同盟各国就共同利益定期举行协商会议。[17]

1818年10月8日，博尔戈代表俄罗斯帝国起草了一份备忘录，提交同盟各国。1818年11月1日，黎塞留公爵正式宣布法兰西王国依据《四国同盟条约》第六条，参加亚琛会议。

在欧洲人看来，这意味着法兰西国王路易十八的代表因此被允许全面参与此后的谈判。1818年11月12日，黎塞留公爵正式签署条约。1818年11月15日，他又签署了一份秘密补充协议，五国同盟正式形成。[18]

在讲到黎塞留公爵于1818年11月12日和11月15日签署的这两份文件时，法国大臣帕基耶称：

> 两份文件处处体现着神圣同盟的原则。[19]所有有志于准确认识这一时期局势的人，都应该仔细研究。

这两份条约的条款总体符合亚历山大一世的"欧洲协调"理论，但英国代表也提出了重大保留意见。英国外交大臣卡斯尔雷子爵向大会提交了一份备忘录。备忘录首先回顾了《四国同盟条约》的条款，接着阐明了英国内阁的意见：英国加入五国同盟的理由之一是认可波旁王朝复辟，或者说确认恢复波旁王朝。如果出现任何其他情况，英国政府都将视具体情况进行讨论。用下一任英国外交大臣乔治·坎宁的话来说，英国倾向于"恢复孤立政策"。在卡斯尔雷子爵看来，国际协调行动可以暂时告一段落了。然而，亚历山大一世正计划筹建同盟国总参谋部，并得到了普鲁士王国的积极响应，只是被威灵顿公爵劝阻住了。[20]除了亚历山大一世本人，《肖蒙条约》的缔约国政府都认为，法兰西王国重回欧洲体系是否能够长久，还要看其日后是否守规矩。[21]用普鲁士外交家根茨的话来说，即"所谓的五国同盟还只是形式，并没有真正深入人心"[22]。

很快，英国政府就表示，希望欧洲各国就未来对南美殖民地叛乱的干预程度表态。1818年10月27日，卡斯尔雷子爵第一次在会议上提出西班牙国王斐迪南七世希望各国调停殖民地的叛乱问题。[23]

亚历山大一世密切关注南美调停问题，但俄罗斯帝国代表的大会进程报告显示调解举步维艰：

> 英国代表的长篇大论让在场的人感到，英国政府只关注自己在此事中的利益。英国代表的意见得到了奥地利代表、普鲁士代表的响应……黎塞留公爵保持了沉默。
>
> 俄罗斯帝国代表发言的大意如下：此时，整个欧洲，以及东西半球所有与此事有干系的人，都在关注着亚琛，西班牙王国再次要求参会，还一再请求奥地利帝国、法兰西王国、英国、普鲁士王国、俄罗斯帝国商讨西班牙王国的问题。西班牙政府提出了一个调解方案。俄罗斯帝国代表虽然没有明确表态，但实际是支持西班牙国王的。英国代表试图通过与西班牙圣卡洛斯公爵何塞·米格尔·德·卡瓦哈尔－瓦加斯（José Miguel de Carvajal-Vargas）谈判来解决此事。如果各国能达成一个协议，西班牙王国愿意与其殖民地谈判，努力用友好的方式解决问题。然而，万一这些调停都失败了，西班牙王国希望各国能够采用更有效的甚至强硬的干预

手段。[24]

西班牙王国作为当事人，一直要求参加会议。但英国代表反对西班牙王国与会，也反对俄罗斯帝国代表暗示的"干预"手段。"英国外交大臣卡斯尔雷子爵解释说，英国只同意出面斡旋，并且反对西班牙公使参会。"[25]直到会议结束，俄罗斯帝国代表一直在争取英国外交部加入亚历山大一世正在策划的欧洲理事会，但遭到英国政府的拒绝。英国政府之所以拒绝，不仅是因为欧洲大国始终对所谓的"最后行动"闪烁其词，还因为英国内阁担心，如果俄罗斯帝国、法兰西王国和西班牙王国联合起来，就足以与英国"分庭抗礼"，这会是俄罗斯帝国乐见的局面。可以说，为了让西班牙王国参会，亚历山大一世向参会各国施压，致使他希望英国加入欧洲理事会的愿望落空。

在回忆录中，帕基耶委婉地暗示，此次欧洲各国君主和代表们的会议，事实上不过是一次个人聚会。早就有证据"明确表明，召开此次会议并非各国君主的本意""伦敦方面担心俄罗斯帝国在会上的影响过于强大"。亚历山大一世固执地希望谈判能够像立法会议一样正式——在后来的莱巴赫会议上也这么坚持，却遭到英国、奥地利帝国的反对。这可能也解释了为什么亚琛会议没能开启国际"大合作"的新篇章，却成为其终结篇。[26]

在1818年10月24日举行的第二次会议中，继续审议了这些重要议题。"没人愿意继续讨论此前的议题"，或者说没人愿意得罪亚历山大一世。只有法兰西王国和俄罗斯帝国想把西班牙王国的内政问题变成"国际问题"。最后,英国外交大臣卡斯尔雷子爵提出了一个方案:"五国君主集体充当调停人,同时正告西班牙王国,五国的调停仅限于外交斡旋;并劝告西班牙王国,尽可能优待那些目前还处在其权杖之下的殖民地,并且对那些发生叛乱的地区一视同仁。"[27]而让亚历山大一世非常恼火的是,奥地利帝国和普鲁士王国居然支持了卡斯尔雷子爵的提议。

法兰西王国首相黎塞留公爵,了解亚历山大一世对西班牙王国的心思,所以再次努力争取让西班牙国王斐迪南七世参会。他反对英国政府的提议,第一个反对理由是:"这样的措辞会迫使西班牙王国拒绝调停。"不过,从事态后来的发展看,他的第二个反对理由倒是十分重要:他反对卡斯尔雷子爵的提议,因为"这会导致民主思想在西半球蔓延"。[28]

如此一来,"讨论变得非常空泛"。俄罗斯帝国代表安东尼奥使用了外交的惯用计策,以长篇大论表示支持黎塞留公爵的意见后,提出"休会,等待亚历山大一世的进一步指示"。[29]此时,亚历山大一世还在幻想着给"干预南美"披上理想主义的外衣。其实,从一开始,神圣同盟的君主们,真正关心的都是保住自己的合法统治。因此,他们关切西班牙国王斐迪南七世,完全是为了在美洲继续维持欧洲的君主制。

这时,俄罗斯帝国代表安东尼奥表示不赞同英国的方案,而提议发一个集体通告,要求西班牙政府"给出具体的补救措施"。安东尼奥还吐露了真心话:"其实,我们谁都不知道南美洲以及叛乱的真实情况，所以无从判断西班牙政府给出的具体措施是否可行。"[30]

普鲁士外交家根茨是公认的美洲问题专家[31]，所以撰写会议报告的任务当然非他莫属。这位君主制的卫道士提出了一套方案，使欧洲可以以美国为榜样，以遏制整个南美洲正在蓬勃发展的宪政运动。

在给黎塞留公爵的指示中，法兰西王国提出的干预方式当然是在美洲继续维持君主制。法兰西王国提出的方案包括以下几条：

一、承认布宜诺斯艾利斯的独立，条件是：建立君主立宪制，由西班牙王子继承王位；给予西班牙王国一定的特许经营权。

二、给予已经从西班牙王国独立的加拉加斯、委内瑞拉及格林纳达各省政治、商业优惠。

三、立即许可秘鲁和墨西哥实行更自由的商业制度，让美洲人民担任公职。

关于以上几点，法兰西国王路易十八曾表态：

本王认为，以上三点可以化解正在威胁美洲的大面积冲突。冲突一旦爆发，对欧洲的影响将是灾难性的。因此，让美洲逐步实现解放是必然的潮流。维护君主统治，对于欧洲体系才是最安全的。[32]现在重要的是，要让参加亚琛会议的各国接受这个原则。细节问题必须由西班牙政府自己斟酌决定。为了在最大范围讨论此事，不仅巴西公使，就连美国公使，也应该在邀请之列。我确信，讨论如此重要的问题时，如果美国公使能到会参与，大会一定能制定出最合适的条约。

这段指示完全符合亚历山大一世的想法。他召开这个大会，就是希望号召全世界所有基督教国家和文明国家，以神圣同盟的精神为指引，公开讨论协商国际事务。正如英国外交大臣卡斯尔雷子爵预测的那样，法兰西王国首相黎塞留公爵正与俄罗斯帝国使团"通力合作"。路易十八给黎塞留公爵的指示表明，亚历山大一世不仅希望美国支持神圣同盟，还希望美国公使加入这场"世界议会"。这样一来，俄罗斯帝国和美国或许可以共同抗衡英国对美洲的政策。

从上文可以看出，法兰西王国和俄罗斯帝国都不反对美洲的大国——特别是美国——参与讨论西班牙殖民地叛乱一事。然而，对这个看似合理的立场，华盛顿方面却疑虑重重。看看迄今为止从未公开的证据，我们就会明白，当时美国这个年轻的共和国，在制定对欧洲的政策时正面临着哪些危险。俄罗斯帝国外交部的秘密档案提供了一些证据，显示出门罗和亚当斯政府里那些训练有素的外交人员，坚持乔治·华盛顿总统制定的孤立主义政策，拒绝加入神圣同盟，完全符合整个美洲的利益。

俄罗斯帝国对西班牙殖民地的调停计划书——"俄罗斯帝国备忘录",是一份非常有趣的文件。它使欧洲列强意识到了国际事务中一个新兴的重要因素:年轻的美利坚合众国日益增长的力量。文件正本标有"机密"和"法俄代表提交、仅供外交人员阅读的内部机密文件"字样。文件上还明确注明"无论任何情况都不得纳入会议纪要"。[33]

文件序文部分措辞谨慎,阐述了亚历山大一世认为欧洲对美洲应该采取的态度。用这份"俄罗斯帝国备忘录"的话来说,这是只适合"口头传达"而不适合书面表述的政策,尽管对美国政府来说这恐怕早已不是什么秘密:

> 西班牙王国的信心需要培养,而不是靠我们强加。这一点很重要,因为毕竟只有西班牙王国才有权力直接采取行动……如果叛军的政府得到了任何国家的承认,那么未来局势的发展将不可逆转。不幸的是,此事并非不可能。在美国呼声很高的党派最近发展得越来越好,正准备在下一次国会会议上,以更强硬的方式迫使美国政府承认布宜诺斯艾利斯的独立。仔细想想这些党派人士的行为就能明白,其野心是把整个美洲变成以美国为首的共和国大联盟。目前,美国正全力开发资源,增加人口数量,提高人口素质,它奉行温和的政策,绝不会对欧洲构成威胁。然而,如果南美洲

大部分地区都确立了共和制，那么形势就完全不同了。一个实行共和制的新世界——朝气蓬勃、士气高昂、物产丰富、自给自足。到那时，这个共和的新世界就会向欧洲古老的君主制叫板。而欧洲人口负担过重，又刚刚经历了三十年革命的动荡。欧洲领导人必须深思，否则后果将不堪设想。

"俄罗斯帝国备忘录"继而说明欧洲为何必须尽力阻止美国与南美洲这些新兴国家进一步发展联系：

> 争取时间至关重要。欧洲大国联合行动无疑将会对美国政府产生巨大影响……想必五大国驻华盛顿的大使一定会采取必要措施说服美国政府和美国民众。当然，执行这样微妙的谈判任务需要万分谨慎。尽可能采取口头谈判，不要书面交流——以免给美国政府的反对派留下口实。美国政府的反对派正试图证明欧洲的影响不利于美国体制的发展……

这份重要外交文件的结尾之处很有深意：

> 这些话不能轻易出口，除非是为了进一步试探美国对欧洲干预美洲的反应。当然，了解美国反应的最佳办法是说服它接受邀请，派代表与会，和各国共同

协商。我们可以劝说美国政府，美国人民也是欧洲人的后裔，也信仰基督教，所以应该和欧洲一样关注牵涉到共同利益的问题。[34]

下面我们将会看到，这份"俄罗斯帝国备忘录"的语气，与俄罗斯帝国驻美国大使皮埃尔·德·波列季卡力劝美国参加神圣同盟的二次谈判时的语气，大相径庭。如果当年安东尼奥在圣彼得堡，或者达什科夫在华盛顿成功说服美国加入了欧洲体系，那么在亚琛会议上，美国代表就会发现自己只有两个选择：要么站在英国政府一边，作为少数派，反对西班牙国王斐迪南七世要求的国际调停；要么如亚历山大一世所愿，用美国的影响力助阵俄罗斯帝国。而一旦同意俄罗斯帝国的提议，美国在美洲的行动必然受限，只能坐视欧洲国家打着神圣同盟的"协同行动"旗号，将欧洲的政策强加给美洲。

1818年10月24日的会谈中，在讨论西班牙殖民地的问题时，英国外交大臣卡斯尔雷子爵趁机提到斐迪南七世曾经承诺过，在1820年之前彻底解决买卖黑奴的问题。于是，整个会议转向了一个新议题，大家终于可以放下私利，同仇敌忾了。俄罗斯帝国公使意识到这样下去就麻烦了，便提议各国共同参与，成立一个"专门委员会"来解决奴隶贸易问题，并建议在非洲海岸线上建造一个港口供联合舰队使用。这个组建国际海事警察协会的提议，自然又引出了海上安全这个大问题，特别是棘手的柏柏里海盗。碍于英国在地中海问题上的立场，会谈再次陷入僵局。欧洲各国认识到,只有暂时忽略各自的特殊利益,游说告诫美国,才能不伤彼此的和气。

1818年11月11日,会议讨论了葡萄牙公使、第一代帕尔梅拉公爵佩德罗·德·索萨·荷尔斯泰因(Pedro de Sousa Holstein)起草的一份关于"悬挂不明旗帜的海盗船"的备忘录。[35]他指的不仅是南美叛军,还包括北美港口给私掠船提供装备的南美革命支持者。帕尔梅拉公爵提议:"五大国下令给各自驻华盛顿的大使,令其配合葡萄牙使臣的行动,并要求美国重新恢复中立法案《1793年8月3日法案》(Act of August 3, 1793),即禁止在美国武装海盗,并在法案中添加保障实施的条款。"他还提议:"所有美洲殖民地的宗主国都应采取措施,禁止其在各自领地内的港口武装海盗及销售非法缴获的战利品。"1818年11月13日,法兰西王国首相黎塞留公爵回应道:"美国应该加入国际海事组织。""但如果我们不先安抚西属南美洲,就不适合向美国发出这个邀请。"[36]

1818年11月14日,大会认为,同盟国家应该共同签署一个条约,以缔结"打击海盗联盟"。条约应明确各分队的驻扎港口、巡航范围、换防频率;条约还应明确规定"各分队平时不联合行动,除非迫于打击柏柏里海盗"[37]。

英国政府不愿意用自己强大的海军力量来支持"国际"海上行动,所以拒绝参与。所谓"打击海盗联盟",不过是展示一下合法的舰队和君主的团结。为了牢牢守住自己的"海上霸权",英国给所谓"公海自由"理论泼冷水,致使整个武装干预南美洲的问题不了了之。否则,神圣同盟的舰队必将高举"欧洲政策"的大旗,浩浩荡荡远征美洲,让拉丁美洲享受一下它的"雨露恩泽"。[38]

» 注释

1 在《1814年—1830年法俄大使和公使的外交信函》1818年卷第832页,亚历山大·波亚历山德罗维奇·波洛夫佐夫(Alexander Alexandrovich Polovtsov)全文抄录了这份"秘密备忘录"。
2 指路易十八被迫接受的《1814年宪章》。
3 亚历山大·波亚历山德罗维奇·波洛夫佐夫:《1814年—1830年法俄大使和公使的外交信函》,1818年卷,第833页。
4 同3,1818年卷,第833页。
5 在朱利叶斯·艾贝尔(Julius Goebel)的《美国承认政府的原则》(*The Recognition Policy of the United States*)一书中,有关于"君主制"的有趣论述。
6 同3,1818年卷,第834页。
7 安东尼奥给博尔戈的信,1818年7月10日,《1814年—1830年法俄大使和公使的外交信函》,1818年卷〔7月10日(俄历22日)〕,第774页。
8 艾蒂安–德尼·帕基耶:《回忆录》,第4卷,第254页—255页。
9 安托南·德比杜尔:《欧洲外交史》,第1卷,第118页。
10 弗里德里希·冯·根茨:《秘密文件》,第1卷,第398页—400页。
11 黎塞留公爵流亡俄罗斯帝国时,曾经担任过敖德萨总督。
12 关于谈判细节,参阅艾蒂安–德尼·帕基耶的《回忆录》,第4卷,第254页—255页。
13 卡斯尔雷子爵给亨利·巴瑟斯特(Henry Bathurst)的信,瓦尔特·菲利普斯曾在《欧洲联盟》中引用,第168页。
14 同9,第1卷,第117页。
15 雅克·克雷泰托–若利(Jacques Crétineau -Joly):《1815年条约史》(*Histoire des*

Traites de 1815），前言。

16　同9，第1卷，第120页。

17　弗里德里希·冯·马滕斯：《新和约汇编》，第2卷，第737页。
"五国承诺，今后在涉及五国之间或五国与其他国家之间的外交问题上，五国将谨守亲密团结的原则。迄今，我们的团结是靠共同利益来维护的，以后要依靠基督教的兄弟友爱之情来巩固我们的团结，使之牢不可分。"秘密补充协议第二条声称，"这样的团结更坚固，因为它不是基于具体利益的暂时结盟。"

18　艾蒂安 – 德尼·帕基耶：《回忆录》，第4卷，第501页。

19　同8，第4卷，第262页。

20　同10，第1卷，第409页。

21　同10，第1卷，第413页。

22　同10，第1卷，第408页。

23　俄罗斯帝国外交部，1818年，国家档案馆。下文关于亚琛会议的文件从未公开出版，存档于标有"亚琛会议重要文件"字样的档案袋。在1818年11月23日俄罗斯帝国代表给奥地利帝国、法兰西王国、英国、普鲁士王国外交部的文件中，可以看出沙皇亚历山大一世误以为英国支持自己的"国际联盟"政策。在这些文件中，沙皇亚历山大一世苦口婆心，重申在《神圣同盟盟约》中已经阐述过的道理：各国君主团结一心何等重要、兄弟友爱如何崇高。他还重申，只要做到"互相保障"，特别是同盟国家相互"保障领土"，就可以长期维持欧洲的和平现状。于是，他提议同盟各国共同签署《领土保障决议》（Reciprocal Guarantees）。同时，关于英国参与此协议的问题，他特别指出："他们同意将以上条款告知英国政府，并邀请英国政府在必要时出面调停，但不要求英国政府承诺完全遵守或积极配合。"在会议上，这个条约草案并没有得到太多讨论，但意义在于，它不仅再次显示了沙皇亚历山大一世决心实施《给诺沃西利采夫的指示》中的既定原则，还决心以相互保障领土作为和平条约的基础。《领土保障决议》见本书附录Ⅰ。

24　《给沙皇亚历山大一世的报告》（Report to the Emperor），俄罗斯帝国外交部，1818年，第2箱。

25　同24。

26　同8，第4卷，第254页—255页。

27　同24。

28　同24。

29　同24。

30　同24。

31 弗里德里希·冯·根茨曾写过一篇名动欧洲的论文《论美洲的发现对欧洲的影响》(*The Effect of the Discovery of America on Europe*),后来又写了《美法革命比较》(*The Origin and Principles of the American Revolution, Compared with the Origin and Principles of the French Revolution*),由亚当斯翻译成了英语。在根茨给俄罗斯帝国外交部的报告中,可以看出其反美洲革命的情绪。

32 《法兰西国王路易十八给亚琛会议法兰西代表黎塞留公爵的指示》。亚历山大·波亚历山德罗维奇·波洛夫佐夫:《1814年—1830年法俄大使和公使的外交信函》,1818年卷,编号367,第820页。

33 亚琛会议手稿,俄罗斯帝国外交部。

34 同33。

35 同33。

36 同33。奥地利外交大臣梅特涅还建议把岛上要塞交给马耳他骑士团,并以骑士团为核心对抗柏柏里海盗舰队。他说:"这样一个永久性海上警察组织比临时的军政行动更有效。"奥地利皇帝弗朗茨一世主动表示,愿意把利萨港作为马耳他骑士团的基地。按照梅特涅的计划,马耳他骑士团不仅吸收贵族成员,普通百姓家的青年也可以加入。这样,年轻水兵可以在这里接受训练,富有海上经验的老兵也可以人尽其用。只要严守中立,马耳他骑士团的旗帜将得到世界各国舰队的尊重。

37 同33。

38 同33,第91页。1819年4月21日(俄历5月3日),乔治·华盛顿·坎贝尔(George Washington Campbell)致国务卿亚当斯的信。沙皇亚历山大一世对没有争取到英国深感失望,显然,在英国拿手的外交领域里与之抗衡,效果不佳。但沙皇亚历山大一世仍然毫不气馁,继续努力将涉及全欧洲的事务拿到欧洲会议上去共同协商。1818年11月21日的会议讨论的是一个至今没有解决的问题。当天,会议讨论了韦先生(Way)的报告《关于欧洲各国对犹太人的不公》(*On the wrongs and political disabilities of the Jews in the different nations of Europe*)。利益纷争再次导致讨论无疾而终,犹太人悲惨的处境,没有如报告所愿得到丝毫缓解。

第4章

美国与欧洲政治体系的重建（1815—1820）

> 他离开巴黎前曾说:"我要离开法兰西王国了,但离开前,我希望能公开表达我对上帝的敬意……能够呼吁各国共同遵守基督教教义。我带来了行动计划,请你仔细审阅……还要请你和我一起祈祷,愿我们的盟国都同意签署这份行动计划。"
>
> ——沙皇亚历山大一世与神学家昂佩塔(Empaytaz)的谈话 (1815)

亚历山大一世公开表示他对亚琛会议的成果非常满意。俄罗斯帝国外交部档案里保存着一份文件,对会议的成果做了如下总结:

> 亚琛会议进一步推进了欧洲体系的建立,这一点毋庸置疑。该体系已经开始应用于处理具体事务,欧洲各国政府也越来越认同它的运行原则。未来,无论多么复杂或艰难的国际问题,都可以应用此原则。《亚琛会议决议》(Acts and Transactions of the Congress of Aix-la-Chapelle),

为日后解决国际问题提供了借鉴。

至此，大同盟获得了同盟国家团结一心的最新证据，以及推导出同盟国家之间实现和平、团结的新的行为准则。[1]

然而，即便到此时，亚历山大一世的乐观态度是否完全合理仍值得怀疑。既然法兰西王国已被重新接纳进入欧洲理事会，俄罗斯帝国代表接下来的目标就是说服那些尚不够坚定的盟国——普鲁士王国、奥地利帝国、英国——还有其他虽然加入了维也纳体系，却对"大团结"三心二意的国家，敦促它们坚定决心，团结合作，履行国际义务。英国外交大臣卡斯尔雷子爵代表英国政府，继续"有所保留"，拒绝参与任何空泛的联盟。虽然奥地利外交大臣梅特涅勉为其难地表态，称《亚琛会议决议》好处多多，但英国政府仍不为所动。目前，关于西班牙殖民地的问题，欧洲各国达成的唯一共识是：只作"友好调解"，不作"实质性干预"。[2]简要回顾一下美国在亚琛会议之前的政策，将会有助于我们了解欧洲当时的局势。

虽然英国外交大臣卡斯尔雷子爵暗示，欢迎美国派公使到会，在法兰西国王路易十八给首相黎塞留公爵的指示里也有同样的表示，但美国坚决不参与欧洲的任何"行动和交易"。美国外交面临的情况比较复杂：公众舆论希望美国政府公开表示同情南美叛乱分子，而美国驻西班牙大使却在想方设法，促使西班牙国王斐迪南七世在佛罗里达问题上做出实质性让步。

在《亚琛会议后的欧洲》(L'Europe apres le Congres d'Aix-la-chapelle)一书中，对当时美国的所作所为，多米尼克·杜福德·普拉特(Dominique Dufour de Pradt)[3]写了一段很有趣的评论，其观点非常具有现代性。普拉特反对欧洲体系，支持基于自由主义外交和政府概念的美洲体系。在欧洲作家里，他可能是第一个意识到，从长期来看，美国跟欧洲旧世界保持距离对欧洲是有利的人。欧洲势力之所以抱团，是因为各国都能从中获益，而美国没有任何利益牵涉其中。他总结美国的政策是：

> 继续不参与欧洲事务，反对欧洲干涉美洲事务，建设广泛的美洲体系。

普拉特关于外交政策的书籍，读者众多，广泛传播的自由思想，无疑也使更多国家的人民了解了美国政府的外交政策。然而，在"协调行动"的倡导者亚历山大一世看来，美国缺席1818年的亚琛会议，是不认真对待自己的国际义务，令人遗憾。亚历山大一世认为，没有争取到美国加入神圣同盟是俄罗斯帝国大使达什科夫做事不力，所以决定择能人干将重启谈判。1818年年初，亚历山大一世挑选了皮埃尔·德·波列季卡来挑起这副重担，更积极地拉拢美国参与欧洲体系。波列季卡深知此事关系重大。俄罗斯帝国外交部档案馆里保存着他与俄罗斯帝国一些官员的通信。从中可以看出，在离开欧洲前，他对美国的方方面面都做了详尽研究。波列季卡受过专业训练，懂得欧洲国家错综复杂的外交关系，绝非达什科夫这样的平庸官员可比。

波列季卡非常敏锐地意识到，调解西班牙殖民地的关键不在欧洲而在美国。美国一旦正式承认叛军政府，将会对斐迪南七世造成致命打击，而亚历山大一世一心通过南美事务实现的"协调行动"，也会间接遭受重大挫败。波列季卡认为自己的首要任务是说服美国，让美国认同自己和欧洲国家一样是大家庭的一员，欧洲大国集体达成的决定，美国也应该尊重。

在上任前，波列季卡奉命先去参加亚琛会议。虽然在调停西班牙殖民地的问题上，该会的效果不尽如人意，但亚历山大一世仍抱有希望，认为如果美国能在亚琛会议上而不是只在美洲抗议英国的政策，那么干预西班牙殖民地的计划还是有望实施的。波列季卡收到的工作指示，详细阐明了上述思路：

> 你如愿参加了亚琛会议，那你就可以根据会议的结果自己判断，哪些信息可能有助于你在美国开展工作。……无论是欧洲体系的细节还是总体精神，你都非常了解。无论这些国家政治体制如何、国际地位高低，维系国际和平的政策适用于所有文明国家。我们呼吁美国加入这个体系，也是为美国自身利益考虑。我了解你的一腔赤诚，所以绝没打算隐瞒你，舆论于我们不利，你此行任务艰巨。据我了解，美国人普遍认为最好不要参与欧洲政治体系。甚至还有人认为，美国的

商业之所以繁荣，就是发了欧洲国家的国难财。

英美之间最近发生的这场战争[4]，可以说就是美国孤立主义的后果。虽然战争结果比美国预料的好，但与其说这是美国的功劳，不如说这是对手英国自大和愚蠢的结果。我们深知，美国如果继续坚持孤立，拒绝参与欧洲事务，迟早会自食其果，1812年英美战争还会重演。那时，美国又将以何政策自处？又有哪个大国愿意为它出面调停呢？[5]

波列季卡收到的指示与他自己的想法不谋而合。为了此行的任务，这位外交官做了周密的准备——在他之前和亚历山大一世的顾问安东尼奥的私人信函中留有大量证据，并且其中还有一段关于当时时局的有趣分析：

> 我经过巴黎时，阿尔伯特·加勒廷（Albert Gallatin）先生谈到了这个微妙的问题。[6]我确信一到华盛顿，我和美国政府之间，首先谈判的必定是这个问题……据我所知，沙皇亚历山大一世的这个政治体系理念单纯、动机公正，除了欧洲的共同利益，别无所图。他只希望大家严格遵守这个结盟条约，以此形成欧洲体系的基础。然而，美国将自己置身事外，美国像所有新兴民主国家一样，觉得自己年轻有为，要大干一番，没有耐心为了和平而束缚自己的手脚。

与西班牙王国有直接利益干系的欧洲各国，无论是出于公心还是私利，都希望在西班牙王国及其殖民地的斗争中严格保持中立。但在共和国，具有强大力量的公众舆论总是雄心勃勃。美国民众要求其政府进一步扩大领土，因此应该支持叛军。而保守的马德里政府，在科隆事务及整个殖民统治中表现出的愚蠢，简直就是一场灾难，这也给了贪婪的英国商业和美国国会中的激进分子煽风点火的机会。

从现状来看，已经有充分的证据显示，让这些殖民地无条件重新接受西班牙的独裁统治，已绝无可能。殖民地的分裂甚至独立，几乎已成定局。所有关于西属殖民地未来的假设都必然会导致这样一个结果。

请您指点我，如何措辞才能既向沙皇亚历山大一世阐明我对形势的判断，又不让其扫兴。以我对西班牙王国驻华盛顿大使舍瓦利耶·路易·德·奥尼斯(Chevalier Luis de Onis)的了解，我们有必要直截了当地告知他我国的政策。我断定，等我一到华盛顿，奥尼斯就会想方设法散布消息，说在西班牙殖民地问题上，马德里王室和圣彼得堡皇室之间完全达成了共识。他巴不得宣传两国君主亲密无间。如果奥尼斯成功地给外界造成这种印象，不瞒您说，我们在美国的声望必将受到影响，沙皇亚历山大一世在美国很受敬重的形象将被玷污。从某种意义上来说，我们应明智地避免这种情况。[7]

在同时期寄给安东尼奥的另一封私信中,波列季卡更是直言不讳自己对欧美局势的判断。他认为英国目前的政策是基于两方面:一、担心再次出现大规模战争;二、担心俄罗斯帝国与奥地利帝国、普鲁士王国、法兰西王国结盟,图谋不轨。他在最后写道:

> 英国政府一定会联奥反俄,为的是孤立我们,不让我们结盟。对于美国的行为,英国至少没有表示明确谴责。美国占领佛罗里达和波兰被瓜分一样,都让英国政府十分恼火。但英国政府现在引而不发,等有朝一日再算总账。英国和美国的关系将使我们和北美的关系变得越来越微妙。[8]

这封信印证了亚历山大一世之所以如此卖力地拉拢美国这个新兴的共和国来参与欧洲事务,主要是为了利用英国和美国的矛盾,让美国成为其外交盟友,一起反对英国的政策。除此之外,美国一旦参与欧洲事务,就不便承认南美的叛军政府。否则,对渴望欧洲调停的西班牙国王斐迪南七世来说,那将是致命打击。

美国没有收到参加亚琛会议的正式邀请[9],很可能是因为亚历山大一世十分希望美国政府主动表示参会意愿。亚历山大一世觉得，正如法兰西王国首相黎塞留公爵所说，亚琛会议是旨在解决美洲事务的立法会议，而美洲最大的国家没有出席，多少会使会议结论的合法性受到质疑。这个顾虑不无道理。[10]

1818年4月，乔治·华盛顿·坎贝尔接替威廉·平克尼，被美国国务院任命为驻圣彼得堡大使。从坎贝尔收到的工作指示中，我们可以了解到美国对时局的一些看法。美国政府虽然对俄罗斯帝国有好感，但怀疑亚历山大一世的美洲政策并非完全没有私心。1818年5月，葡萄牙驻华盛顿全权公使何塞·科雷亚·达·塞拉 (Jose Correa da Serra) 就曾向美国国务卿亚当斯暗示，不仅欧洲联盟要插手南美的混乱局势，俄罗斯帝国也将在美洲加强势力。塞拉"不慎透露消息"，可能是希望美国在拉普拉塔总督辖区的问题上支持葡萄牙王国。

国务卿亚当斯致信坎贝尔：

> 在调解西班牙王国与其殖民地的纠纷一事上，欧洲各国都因美国而有所顾忌，这很好。[11]

于是，坎贝尔奉命，不仅要密切地关注俄罗斯帝国对美洲的政策动向，还要确保俄罗斯帝国相信美国在西班牙殖民地问题上保持中立，美国希望未来与欧洲盟国和睦相处。并且，在这份工作指示中，门罗主义对欧洲国家所发出的警告已经有了预兆：

> 我们不参与并明确反对任何国家干预殖民地的事务，除非是为了帮助殖民地获得政治上、经济上的完全独立。[12]

亚琛会议后，美国政府迫切想了解：为践行自己倡导的理念，亚历山大一世是否会不惜一切代价采取行动？欧洲之所以积极干预美洲事务，是不是亚历山大一世为了兑现亚琛会议的决定而强迫大家所为？1818年12月，坎贝尔做了长篇汇报，分析亚历山大一世可能采取的行动，得出的结论令美国安心："沙皇亚历山大一世不会单独和西班牙王国联手对抗美国。最大的可能是，他会动用自己的影响力——据说他最近特别和蔼可亲，或者动用他强大的实力来威慑大家，这样就不会有损他目前展现的高姿态。"坎贝尔还补充说："毫无疑问，对即将发生的西班牙王国及其殖民地之间的较量，随着局势的发展，欧洲各国君主们的想法很快还会发生变化。我国政府应趁着还没有卷入其中，一定要提早了解，早做打算。"[13]

在1818年12月22日的报告中，坎贝尔还详细地论述了从亚琛会议开始，欧洲体系对国际形势造成的影响，特别是对美洲事务的影响和对共和思想在新世界传播所起的作用：

> 最近召开的亚琛会议，产生了五国同盟，这将在一段时间内对欧洲列国产生重大影响，甚至左右各国的行动……

这些思想一旦传播开来，君主统治将会受到威胁或被削弱，而维护君主统治才是各国参加同盟的主要动机。所以大家都充满戒备。[14]

这封信称亚历山大为"伟大的欧洲调停人"，并推测了他可能采取的措施：

我现在认为，沙皇亚历山大一世将会动用自己的影响力，迫使殖民地与其宗主国言归于好。如果我国政府承认这些殖民地独立，亚历山大一世不会善罢甘休，并且会发动同盟各国来干涉，争取一切机会阻止大范围的独立运动，以及可能导致的共和思想的传播。[15]

这位敏锐的观察家以相当宽慰的语气汇报了自己回到圣彼得堡后，亚历山大一世的热情接待。他还说沙皇亚历山大一世用英语跟他谈话："沙皇亚历山大一世的英语相当不错。"

谈到亚琛会议时，亚历山大一世称：

他很高兴可以宣布会议进展顺利……这都归功于各国不负所望承担起了各自的责任。他预计各国会这样做，可能法国例外。关于西班牙王国的问题，各国各抒己见。大家推举了威灵顿公爵主持调停……但关于这个提议，到目前为止还没有得到确切答复。

坎贝尔总结道：

> 从他的话中可知，如何解决西班牙王国及其殖民地的争端，无疑是这次会议的正式议题……显然，西班牙王国不打算提出更优惠的和解条件以让其他欧洲国家有动力积极出面调停，促使殖民地向西班牙王国妥协。不过，我依然坚持我的看法：如果美国承认殖民地独立，俄罗斯帝国对美国是不会善罢甘休的。当然，俄罗斯帝国也不会一意孤行地站在西班牙王国一边，它会使用自己的影响力，联合其他国家来维护正统，防止殖民地成为强大的独立国家。[16]

至于亚历山大一世是否会不惜代价促进以"协调行动"为基础的国际合作，1819年4月，坎贝尔向国务卿亚当斯陈述了自己最后的判断：

> 有证据显示，在亚琛会议即将结束时，沙皇亚历山大一世命令俄罗斯帝国政府，让包括十二艘战舰在内的部分舰船，开春进入积极备战状态。这一举措无疑是为了配合西班牙王国而采取的行动。如果西班牙王国决定采纳同盟国的建议，即必要时使用武力迫使叛乱的殖民地就范，那么备战显然十分有必要。但回到圣彼得堡后，沙皇亚历山大一世又撤销了备战的指

示。据说是因为沙皇亚历山大一世收到西班牙国王斐迪南七世的消息，说他不打算采纳亚琛会议上各国君主的建议。[17]

有很多证据显示，美国政府有理由担心，亚琛会议意图以"立法"确定有利于欧洲体系，而不利于殖民地的美洲政策。多亏了英国的反对，这个计划才没有得逞。[18]

亚琛会议的结果促使英国和美国站在了同一阵线，一起反对亚历山大一世的"协调行动"。

正如俄罗斯帝国驻美国大使波列季卡预见到的，亚琛会议调解美洲叛乱失败后，唯有利用英美之间的矛盾，欧洲才有可能建立一个全面控制的世界体系计划。波列季卡作为新任大使，于1819年4月到达美国，5月24日他便向国务卿亚当斯挑明了自己的任务。[19]

其间，门罗政府的外交部倒是因西班牙王国的尴尬处境而获益。长期争执不下的收购佛罗里达的问题，已经基本得到了解决。[20]抵达华盛顿时，波列季卡发现美国和西班牙王国已经签署了条约。关于美西问题，亚当斯表示：

> 美国和西班牙王国之间的矛盾危及世界和平。两国之间曾紧张到战争一触即发的程度。波列季卡先生接到工作指示时，正是美西关系最紧张的时刻。而波列季卡到达美国时，美西问题已经和平解决了。[21]

此后，波列季卡与亚当斯几乎日日会晤，主要商讨的是西班牙王国及其殖民地问题。波列季卡虽然言辞诚恳，但其行为背离了他所得到的指示。他宣称自己的任务是阻止美国参加欧洲联盟，但同时强调美国应该跟欧洲的总体原则保持一致。[22]

对波列季卡多少有些霸道的要求，亚当斯并没有见怪，而是善意地理解了。亚当斯声明，美国政府虽然无意参加欧洲联盟，但深知维护世界和平的重要性，愿意和欧洲保持一致。看来美国很清楚，只要西班牙王国、俄罗斯帝国、英国依然是美洲的重要势力，美国就不可能完全实行孤立政策。在刚刚过去的反法斗争中，美国一直充当"输送国"，尽管谨守中立，但还是卷入了与英国的战争，又卷入了"美法短暂冲突"。但即便如此，亚当斯还是宁愿得罪欧洲列强，也坚持不参与欧洲联盟。波列季卡暗示了欧洲为干预西班牙殖民地而可能采取的行动，亚当斯发表了个人意见，作为对波列季卡的答复：如果西班牙国王斐迪南七世继续拖延，迟迟不批准《华盛顿条约》(Treaty of Washington)，美国国会可能会批准用武力占领佛罗里达，并承认布宜诺斯艾利斯的叛军政府。欧洲列强避免这一局面的唯一方式是不使用武力镇压自由运动。[23]

波列季卡一度认为，英国政府违背海事法——其中最著名的事件是，英国外交大臣卡斯尔雷子爵提议各国相互搜查船舶，以便打击奴隶贸易——可能会促使美国倒向俄罗斯帝国。[24]显然，这个算盘要落空了。波列季卡暗示美国，如果美国和欧洲任何国家产生矛盾，亚历山大一世都将乐意动用自己的影响力帮助美国,只要亚历山大一世有足够的理由证明这种帮助是名正言顺的,比如,美国是神圣同盟的成员。

然而,英国和美国的共同利益及在南美事务上的一致政策,顺利地化解了两国自1812年战争以来的矛盾。俄罗斯帝国驻美国大使波列季卡发现,自己立足于"利用英美宿怨"的外交思路,越来越行不通。美国入侵西属佛罗里达时,枪决了两名挑事的英国人——罗伯特·C.安布里斯特(Robert C.Ambrister)和亚历山大·阿巴思诺特(Alexander Arbuthnot),导致英美关系一度非常紧张,但现在问题已经和平解决了,并且英国驻马德里大使亨利·韦尔斯利(Henry Wellesley)还主动提出愿意出面斡旋,以促使《华盛顿条约》尽快获得正式批准。

俄罗斯帝国驻美大使波列季卡发现谈判对自己越来越不利。一方面,他辩解俄罗斯帝国向西班牙王国出售船舰并不能说明俄罗斯帝国支持西班牙王国镇压其殖民地;另一方面,他强调,众所周知,亚历山大一世一贯支持国际协调行动,坚决反对任何"局部小团体的联盟"[25]。并且波列季卡对美国和欧洲联盟的看法也发生了改变,他开始提议美国加入神圣同盟。

1819年6月17日,波列季卡"有意无意"地提到,亚历山大一世希望美国签署《神圣同盟盟约》。对此,亚当斯说美国和英国一样,不签署这份协议也是因为国家政策限制,美国是一个宪政国家,不适合签署这样一份君主之间的私人协议。[26]

最后,波列季卡力陈"条约并不针对任何具体事宜",神圣同盟只是"和平同盟,并且迄今为止,确实维护了欧洲的广泛和平"。亚当斯不愧是一位成熟的宪法主义者，对于这样的问题，他回答说："最好先弄清楚议员们的想法。"[27]

» 注释

1 《给沙皇亚历山大一世的报告》，亚琛会议手稿，俄罗斯帝国外交部。
2 然而，1819年9月25日，美国驻圣彼得堡公使坎贝尔在给美国国务卿亚当斯的报告中说，英国方面告知："欧洲大国无疑要在同盟国的支持下调解西班牙王国及其殖民地的争端。"
3 在欧美关系上，多米尼克·迪富尔·德·普拉特（梅赫伦大主教）著述甚多，并且著作篇幅较长。他最著名的作品是1819年出版的《亚琛会议后的欧洲》。他于1821年又出版了《1821年的欧洲和美国》(Europe and America, in 1821。1822年又出版了扩充版），1825年出版了《美国与欧洲的希腊：真实的制度比较》(Vrai Systeme de l'Europe relativement a l'Amerique et a la Grece)。
4 指1812年英美战争。——译注
5 亚琛会议手稿，俄罗斯帝国外交部。
6 指西班牙殖民地问题。
7 外交档案，美国手稿，第8箱，编号13，文件袋标明：1818年2月27日，莫斯科。
8 波列季卡致安东尼奥的信，1818年8月1日—13日，俄罗斯帝国外交部。
9 1819年2月，英国外交大臣卡斯尔雷子爵告诉美国驻英国公使理查德·拉什，在"亚琛会议期间，他发现法兰西王国和普鲁士王国都以为，美国希望参加调停"，直到跟理查德·拉什交流后，才明白了实情。理查德·拉什：《住在伦敦宫廷的日子》(A Residence at the Court of London)，第1卷，第5页。
10 有趣的是，在会议中，沙皇亚历山大一世居然收到了来自南美叛军代表的直接呼吁。就在美国以传统政策为由，拒不参与沙皇亚历山大一世通过神圣同盟发起的世界联盟计划时，布宜诺斯艾利斯的叛军政府派代表贝尔纳迪诺·里瓦达维亚（Bernardino Rivadavia），直接与俄罗斯帝国外交大臣涅谢尔罗迭接触。里瓦达维亚的话应该会令沙皇亚历山大一世感到欣慰，因为这些话恰好体现了沙皇亚历山大一世认为"尊贵的欧洲君主们"应有的情操：

> 当南美联合省议会得知了1815年6月9日维也纳会议决议庄严确立的原则时，我们十分欣喜。因为尊贵的欧洲君主提出的这些理念，与我们的设想不谋而合。一想到如果这些崇高的理念得以实现，我们将获得怎样的繁荣昌盛，我们就忍不住欣喜。听说欧洲君主们即将召开会议（亚琛会议），我们相信，各位君主要协商的是如何将欧美两大洲紧密地联合在一起，而不是用殖民这条锁链来捆绑大家。欧洲列国要仲裁的纠纷关系到两千万人民的命运，一定不会不事先了解情况，就贸然裁决。

里瓦达维亚希望俄罗斯帝国外交大臣涅谢尔罗迭转告其尊贵的主人沙皇亚历山大一世："南美联合省议会授权我做出声明，我们希望新旧世界能建立良好秩序，为未来的和平打下牢固的基础。"

考虑到后来美国门罗主义政策的发展，里瓦达维亚此番向欧洲议会的表态，并非没有实际意义。

11 国务卿亚当斯致坎贝尔的信，1818年6月28日（俄历7月10日），指示手稿，俄罗斯帝国外交部。

12 同11。

13 坎贝尔致美国国务卿亚当斯的信，1818年12月22日（俄历1819年1月3日），信函手稿，俄罗斯帝国外交部。

14 同13，1818年12月10日（俄历22日），信函手稿，俄罗斯帝国外交部。

15 同13，1818年12月10日（俄历22日），信函手稿，俄罗斯帝国外交部。

16 同13，1819年2月6日（俄历18日），信函手稿，俄罗斯帝国外交部。

17 同13，1819年4月21日（俄历5月3日），信函手稿，俄罗斯帝国外交部。

18 不过，英国外交大臣卡斯尔雷子爵采取这一态度，可不是完全出于对"立宪"自由主义的热忱，而是另有动机。美洲当时的时局有利于英国的贸易，这才是左右英国政策的主要因素。一个托利党控制的内阁，只要能够维持自己的既得利益，就不会反对恢复一个君主的合法统治。另外，早在1818年6月，坎贝尔就接到指示，明确表明美国"支持殖民地获得完全的政治经济独立"，虽然"和欧洲国家一样，美国在政策上还是坚称中立"。

19 同11，1819年6月3日（俄历15日），指示手稿，俄罗斯帝国外交部。达什科夫没有等到波列季卡，于3月6日递交了他的召回信。

20 1819年2月22日美国、西班牙王国就佛罗里达问题签署了《华盛顿条约》，但一直拖延到1821年2月西班牙王国才正式批准。西班牙国王斐迪南七世希望在把东佛罗里达移交给美国之前，能够获得美国的承诺：美国政府保证不会承认殖民地的独立。约翰·巴赫·麦克马斯特(John Bach McMaster):《美国人民史》(*A History of the People of the United States*),第4卷,第474页。

21 同11,1819年,指示手稿,俄罗斯帝国外交部。

22 约翰·昆西·亚当斯:《回忆录》,第4卷,第379页—381页。

23 同22,第381页。

24 同11,1820年7月5日,指示手稿,美国使馆,圣彼得堡。约翰·巴西特·莫尔在《国际法文摘》(*A Digest of International Law*)第6卷第376页中全文引用。

25 同22,第380页—381页。

26 同22,第394页。

27 同22,第394页—395页。

第5章

国际会议时代

> 一个疯狂的世界，与智慧、理性、公平、正义创造的新秩序、新体系，势不两立。
>
> ——梅特涅致沙皇亚历山大一世的一封未公开的信，1820年12月15日，于特罗保

1820年7月，在给新任驻圣彼得堡大使亨利·米德尔顿（Henry Middleton）的指示中，美国国务卿亚当斯重申了美国对欧洲各国的政策，并再次表明美国对于神圣同盟的态度：

> 美国的政策体系……归根到底就是置身于欧洲事务之外。从1783年独立战争结束至今，谨慎又坚定地置身于欧洲体系的斗争之外，一直是美国政策的核心……
>
> 然而，美国作为世界文明国家的一员，在其他国家眼里越重要，想要置身事外就越艰难……
>
> 如果俄罗斯帝国再次邀请美国参加神圣同盟[1]，我们就回答俄罗斯帝国：因为美国政府组织形态的制

约，我们同意的协议不一定能得到正式批准。但我们确信，美国总统完全支持神圣同盟的最终原则，也深信沙皇亚历山大一世构想和缔造这个体系的用心是良好的、善意的。同时，也请沙皇亚历山大一世相信，美国虽然放弃正式加入神圣同盟，但会以更有效的方式为神圣同盟崇高的目标做出自己的贡献。美国乐意声明，我们不仅全心全意赞同，还一定竭诚遵守《神圣同盟盟约》。[2]

这个声明既认同了神圣同盟，又有所保留，非常巧妙地拒绝了俄罗斯帝国驻美大使波列季卡就此事与美国再次谈判。但即使是这样一个很有分寸的声明，如果放在几个月后，美国也绝不可能发表。神圣同盟的盟国已经走上了保守、反动的路线，与自由主义背道而驰。奥地利外交大臣梅特涅借口"必须迅速坚决地打击革命势力"，向欧洲几个主要国家的君主展开宣传攻势，动员他们共同采取行动，打击迅速复苏的雅各宾主义和革命团体散布的毒害人心的革命学说。前有梅特涅在外交界摇旗呐喊，后有根茨挥笔声援。根茨这个政治哲学家本事不小，流言蜚语、警句名言、时人的风凉话和打油诗，无不是他笔下的利器。此人极富外交天赋，他如果能赢得政界同行更多的尊敬，一定能在历史上扮演一个更重要的角色。可惜，他最终留在史册中的形象不过是梅特涅的跟屁虫。[3]

最初，梅特涅打算利用在维也纳会议上成立的德意志邦联议会，来应对当前他所认为的"危险"，而根茨却认为，这会给自由主义一个公开发声的机会。根茨的算盘是，利用亚历山大一世的国际合作构想，用外交方式解决危机。首先，与此事有关的君主应该举行两次私人聚会。第一次聚会在卡尔斯巴德举行，与会者仅限于奥地利皇帝弗朗茨一世和普鲁士国王腓特烈·威廉三世，以及四五个无关紧要的德意志邦国代表。第二次聚会的地点可以放在维也纳，德意志邦联所有成员国都派代表参加，正式通过卡尔斯巴德聚会上得出的决议。

根茨的计划得到了彻底执行。梅特涅首先警告腓特烈·威廉三世，除非他毫无保留地接受奥地利皇帝弗朗茨一世的计划，否则奥地利帝国将退出德意志邦联。

接下来，德意志地区发生的几起事件，推动了梅特涅政策的落实。腓特烈·威廉三世在托普利茨获悉，国内正在到处举行集会，支持自由化改革、反对传闻中的普鲁士政府的改革措施。于是，梅特涅用了三天时间起草计划，并将计划塞给了此时又惊又悔的腓特烈·威廉三世，要求腓特烈·威廉三世保证，永久废除他对人民的立宪承诺。恰在此时，沙皇亚历山大一世的代理人兼作家奥古斯特·冯·科策比（August von Kotzebue）在曼海姆遇刺，法兰西王储贝里公爵查理·斐迪南·德·波旁（Charles Ferdinand d'Artois）在巴黎遇刺。于是，腓特烈·威廉三世这棵墙头草许诺，将帮助整个德意志地区维持君主制，因此，臭名昭著的《卡尔斯巴德决议》（Decrees of Carlsbad）诞生了。

亚历山大一世及英国内阁和法兰西王国内阁，眼看着奥地利帝国和普鲁士王国联合"欺负"刚刚"统一"的德意志邦联,越来越心忧,却还是不可避免地被迫遵循梅特涅和根茨制定的反动路线。[4]

亚历山大一世仍然固执地幻想自己是国际权益的维护者。因此,在亚历山大一世的妹夫、符腾堡国王威廉一世不顾奥地利帝国和普鲁士王国的反对,坚持允许符腾堡王国立宪时,亚历山大一世意识到自己的主张需要一种新的套话了。于是,亚历山大一世提出:臣民反抗君主、发动革命是绝对不能容忍的;但如果君主主动向臣民让步,允许设立自由宪政,则是神圣的行为。需要说明的是,威廉一世曾向亚历山大一世呼吁:以自由和自由运动的名义行使"神圣同盟"所保障的君主原则。然而,这是神秘的神圣同盟与自由主义改革最后一次发生关联。[5]

1820年1月1日,由西班牙将军拉斐尔·德尔列戈(Rafael del Riego)领导的民众起义,拉开了一系列革命运动的序幕,证明保守派的恐慌绝非多虑。这次立宪[6]运动很快横扫了整个欧洲南部。如何通过国际"干预"来镇压立宪运动,成了"维也纳体系"成员国最关切的问题。[7]

在亚琛会议上,西班牙国王斐迪南七世要求欧洲出面调停殖民地的叛乱,遭到拒绝。而西班牙王国仅凭一己之力,根本无法平息西属美洲来势汹涌的自由主义浪潮。西班牙王国倾囊采办的准备用于远征的物资,此刻还积压在加的斯附近的莱昂岛上。西班牙革命的火星正是从这些远征军中迸发的。"这支远征舰队中,有些战舰根本不能胜任如此远距离的航行,舰上的士兵粮饷被克扣、生活艰难,于是拒绝执行被派往西属美洲的任务,进而发起了暴动。"[8]有人认为远征军的艰苦条件是导致起义的直接原因,其实斐迪南七世在西班牙的恶政,以及拿破仑军队所散播的自由主义思想才是暴动在西班牙境内火速蔓延的根本原因。驻扎在西班牙拉科鲁尼亚和巴塞罗那的军队也加入了暴动。短短两个月,革命取得了成功,军队宣布立宪,采用"1812年宪法"。此时,无耻的西班牙国王斐迪南七世立刻宣布接受立宪,还摆出一副顺应民心的大度姿态。

奥地利外交大臣梅特涅在亚琛会议上的预言应验了,立宪如今成了大问题。几个月后,西西里为了争取立宪,也爆发了革命。[9]1820年7月6日,两西西里国王斐迪南一世(Ferdinand I)被迫接受立宪。第三个爆发革命的国家是葡萄牙王国。1820年8月23日,葡萄牙王国宣布立宪。

然而,因为数百年来英国都是葡萄牙王国唯一的保护者,所以任何对葡萄牙王国的干预都会被视为对英国的挑衅。[10]

此时,亚历山大一世一心寻找机会调解两西西里国王斐迪南一世及其臣民的矛盾,以便把干预那不勒斯的革命变成全欧洲的共同事务,而不再由奥地利帝国把持。出于政策上的考虑,奥地利外交大臣梅特涅最终同意了亚历山大一世的意见——召开欧洲会议,[11]时间定在1820年10月20日,地点是奥属西里西亚的特罗保。[12]

但欧洲大国之间此时的裂痕比亚琛会议时更深,更不可能达成任何统一行动。[13]英国外交大臣卡斯尔雷子爵甚至拒绝到会，只派了查尔斯·文 (Charles Vane)[14]作为英国代表。于是，特罗保会议变成了神圣同盟的三个主要缔约国君主的小型聚会，英国代表和法兰西王国代表作为观察员到场。英国代表和法兰西王国代表不是为了协商"欧洲"事务，而是为了向自己的政府详尽报告会议的进展。[15]

然而，亚历山大一世认为特罗保会议又给了自己机会，并且再次向世界"推销"自己的理念：大国之间要情同手足、协同一心。他认为，事实最终将证明，欧洲国家是可以超越国界，用同一种理念来协调行动的。亚历山大一世依然坚持自己的主张：虽然同盟国家绝不承认通过革命运动确立的宪法，但各国君主授予人民的立宪是合法的。因此，既然西班牙国王斐迪南七世已经向人民宣布确立君主立宪制，只要他愿意，就完全有权继续承认该宪法的合法性。亚历山大一世前不久也承诺将在俄罗斯帝国立宪，并且自诩为绝非反复无常之人。但从会议一开始，奥地利外交大臣梅特涅就直言不讳地反对亚历山大一世的这一主张。

1820年11月13日，神圣同盟的三个缔约国——奥地利帝国、俄罗斯帝国、普鲁士王国的代表签署了《特罗保议定书》(Troppau Protocol)，表面上尊重了亚历山大一世的理念，事实上却落实了梅特涅的保守主义政策。《特罗保议定书》正式向欧洲各国宣布：

> 参与欧洲联盟的国家，如果因革命而导致政府形

态产生了任何可能危及其他国家的变化，将会被欧洲联盟除名，不得参与欧洲会议，直到其国内局势足够安定才能重新加入。

美洲自由世界一片哗然。《特罗保议定书》第二条规定：

> 欧洲联盟的盟国正式宣布以上原则永不动摇，坚决维护君主制的合法地位和权威，并且一致同意坚决不承认任何使用非法手段产生的政府。对于已经发生这种变化并给周边地区造成困扰的国家，同盟国家将尽一切可能挽救，使之重回欧洲联盟的怀抱。我们将首先选择友好谈判，如果无效，必要时将不得不采取强制手段。[16]

《特罗保议定书》虽然只有神圣同盟的三个主要缔约国——奥地利帝国、俄罗斯帝国、普鲁士王国签署了，但其措辞却给人一种错觉，以为欧洲联盟所有国家都要联合起来打压自由运动。[17]特罗保会议的决定，如1820年9月19日和1821年1月16日的会议记录，不仅让英国外交大臣卡斯尔雷子爵觉得英国政府绝不能与之沾边，就连法兰西王国政府也唯恐避之不及。于是，因为担心国内民众和国会的反对，英国和法兰西王国联合起来反对《特罗保议定书》。[18]

不同的是，对企图镇压"红色威胁"的任何行动，第二代利物浦伯爵罗伯特·詹金逊 (Robert Jenkinson) 执掌的英国内阁都不支持；而在法兰西王国再度掌权的黎塞留公爵内阁，却对俄罗斯帝国唯命是从。亚历山大一世此时希望能安抚自由派。在阐释《特罗保议定书》时，他企图重申欧洲联盟的用意有多么良善。这次，他选择用给欧洲大国代表写备忘录的方式来剖白自己。[19] 这份备忘录还有一个重要目的，就是澄清当时盛行的说法：神圣同盟（三国同盟）对阵立宪国同盟——包括英国、法兰西王国和美洲各国。亚历山大一世首先肯定了奥地利帝国和普鲁士王国对"伟大的调停事业"的坚定不渝，然后大肆发泄了对英国政府阻挠欧洲协调行动的不满："现在看来，财富和文明都达到鼎盛的大英帝国，已经被自己的繁荣冲昏了头脑。"

特罗保会议的主要"成果"是，亚历山大一世从此完全倒向了蒙昧主义和保守主义。无论多么反感奥地利外交大臣梅特涅和其政策，从签署《特罗保议定书》开始，亚历山大一世就加入了这个由精明的维也纳政治家控制的阵营。亚历山大一世虽然尚以自由主义者自居，但其实已经接受了梅特涅的路线——用梅特涅本人的话说："一个疯狂的世界，必然与智慧、理性、公平、正义所创造的新体系，势不两立。"[20]

经过短暂休会后，为方便两西西里国王斐迪南一世参会，会议在莱巴赫继续进行。亚历山大一世一厢情愿地认定这次会议是"欧洲议会制度"的重要延续，所以应该有规范的程序。于是，1821年1月11日，在会议第一天，俄罗斯帝国代表就提交了一份由亚历山大一世批准的备忘录："关于莱巴赫会议议事形式和程序的意见",提出了一整套议事制度。该备忘录称,特罗保会议虽然只是筹备、预备性质的会议,难免会忽略"完备的"形式,但也是欧洲的立法会议。现在,既然大家已就基本问题达成一致,也明确了接下来的会议的讨论范围,就应该确认一套"正式程序"。[21]备忘录的结尾称:"目前还没有新的政治结盟诞生的迹象,所以本次会议更应该强调欧洲体系的重要性,正是它通过恢复各国的独立而给欧洲带来了和平的希望。"因此,亚历山大一世希望会议的结果不应再满足于特罗保会议的每日"会议纪要",而应将会议每天的进展形成正式的"议定书",由到场的所有代表签字。

然而,会议代表指出,这个规定与英国代表罗伯特·戈登(Robert Gordon)收到的政府指示相冲突,如果会议执行俄罗斯帝国代表的提议,英国代表将被排除在外。俄罗斯帝国代表这才同意,莱巴赫会议继续遵循特罗保会议非正式的形式。于是,会议纪要显示,莱巴赫会议本应严肃的论辩变成了"根茨先生组织大家简单讨论了一下议题;有时,他甚至将正方、反方的角色一肩挑了"[22]。

在1821年1月12日的第二次会议上,一场精心策划的闹剧上演了,那不勒斯国王斐迪南四世(Ferdinand IV)[23]扮演起了欧洲列强和那不勒斯起义者之间的调解人。梅特涅宣读了那不勒斯国王斐迪南四世致欧洲联盟的君主们的信。在信中,斐迪南四世要求各国君主明确说明此次会议对于那不勒斯王国的意图,并请他们告知正在莱巴赫等待答复的那不勒斯代表。各国代表在答复中小心翼翼地表示将严厉谴责那不勒斯的革命政府，还表示欧洲联盟国将联合一致，拒绝与那不勒斯军政府打交道，并且接受法布里齐奥·鲁福 (Fabrizio Ruffo) 作为斐迪南四世的全权代表。[24]

斐迪南四世继续生动地扮演着梅特涅分派给自己的角色，感谢各国出手干预那不勒斯的革命，还假装仁慈地恳求各国"只要还有一丝和平解决的希望，绝不要采取极端措施"。于是，同盟国家的君主们暂时平息了"正义"的怒火。不久，梅特涅告知斐迪南四世，同盟决定采取更强硬的措施，希望得到他的"许可"。斐迪南四世"这才相信盟国君主们心意已决，绝无回旋的余地"，便召唤那不勒斯摄政王卡拉布里亚公爵弗朗切斯科 (Francesco)[25]，"要求他的人民放弃对1820年7月2日革命带来的所有的政治变革的坚持"[26]。

这样一来，直到1821年1月26日，才轮到意大利各个小邦国的君主了解会议的各项决议，签署由根茨起草的会议纪要，以表示拥护"协调行动"。[27]

1821年1月8日，那不勒斯国王斐迪南四世到会。[28]执政的那不勒斯军政府勉强同意释放这位一再指天誓日，表示尊重宪法的那不勒斯国王。一出国境，他就把曾经用来标榜自己的烧炭党成员的身份视如粪土，置身于梅特涅的保护之下。一到莱巴赫，斐迪南四世就立刻主张恢复君主制。当俄罗斯帝国、奥地利帝国、普鲁士王国决定摧毁他曾发誓保护的立宪政府时，他不无欢喜地听着。帕基耶在《回忆录》中写道，各国碍于斐迪南四世的儿子卡拉布里亚公爵弗朗切斯科还担任着那不勒斯的摄政王，建议先采用外交手段斡旋，竟然还费了一番口舌才说服了斐迪南四世。[29]

到目前为止，会议似乎进展顺利，直到英国代表罗伯特·戈登出面。在1821年1月25日的会议上，他坚称英国特使[30]虽然到场，却无权表决大会决议。[31]就连法兰西王国代表也壮着胆子质疑梅特涅——斐迪南四世一来就改变了各国刚刚确定的立场，这样是否恰当？

梅特涅回答说："意大利的君主们绝不允许自己周边国家创建危及自己国家安宁的制度"。这样一来，连亚历山大一世刚刚改写的标准——君主认可的政治改革是合法的——全部作废。反革命的潮流正在泛滥！

在特罗保和莱巴赫，梅特涅成全了亚历山大一世的美梦，让亚历山大一世感觉这一系列会议就是他设想的欧洲议会。在《回忆录》中，梅特涅是这样评价神圣同盟的缔造者亚历山大一世的："在我遇到的所有孩子当中，俄罗斯帝国的亚历山大一世是最了不起的一个。"[32]借君主的集会之便，亚历山大一世常常和梅特涅交谈，后者不断向亚历山大一世灌输镇压革命的必要性，并且各种历史事件似乎也鬼使神差地不断为此提供证据。此时，俄罗斯帝国国内的秘密革命活动也达到了高潮。亚历山大一世当年亲自发起的政治改革，如今却成为其心腹之患。于是，亚历山大一世竟然主动提出提供军队，帮助梅特涅扶持那不勒斯国王斐迪南四世复辟。[33]不但南美洲接连传来革命胜利的消息，当欧洲君主忙于会议时，就连他们眼皮子底下的皮埃蒙特也爆发了革命。皮埃蒙特的自由党趁着奥地利军队忙于扶持斐迪南四世复位，宣布立宪。宪法内容与西班牙王国、葡萄牙王国和那不勒斯王国的宪法大致相同。

虽然训练有素的奥地利军队只用了几个星期，就镇压了那不勒斯和皮埃蒙特的自由党人，但亚历山大一世已经从中汲取了教训。在《沙皇亚历山大一世》中，尼古拉·米哈伊洛维奇大公指出："特罗保会议和莱巴赫会议时期，是沙皇亚历山大一世经历过的一次严重危机，深重影响了他的余生。"[34]

亚琛会议、特罗保会议和莱巴赫会议的情形，美国政府看在眼里，记在心里，更确信不参与神圣同盟是明智之举。英国内阁反对参会，自由党领袖在会议上激烈抨击此项政策，让美国更坚定了自己的立场。[35]美国民众虽然一度认为亚历山大一世思想开明，但如今已认清现实，意识到受"国际"会议中云集的反动派影响，亚历山大一世的思想早已产生了巨变。美洲人普遍对西班牙、那不勒斯和希腊的"革命党"抱有强烈的同情。而"实用主义政治哲学"，已经把当年那个《给诺沃西利采夫的指示》的作者对"自由主义"的向往，吞噬得一干二净。想当年，那份指示在美洲新世界，为他赢得了众多民心。[36]

亚历山大一世一边由衷地拥护国际团结，一边又不得不同意梅特涅的反革命政策。如何处理这两者之间的矛盾？他很快就将接受严峻考验。在俄罗斯帝国严厉打击秘密革命组织时，只有支持希腊爱国者反抗奥斯曼帝国政府的组织——设立在俄罗斯帝国的"友谊社",破例得到了宽大处理。对于在宗教上与自己一脉相承的希腊民族,俄罗斯帝国还是心怀同情的。然而,在俄罗斯帝国政界,很多人认为东方是俄罗斯帝国的命脉,亚历山大一世在欧洲的冒险行为和其背离叶卡捷琳娜大帝征服东方的计划,都是致命错误。都灵爆发革命后不久,摩尔达维亚-瓦拉几亚公国也发生了叛乱,消息传到了莱巴赫。那时,希腊革命领袖亚历山大·伊普斯兰提斯(Alexander Ypsilantis),摩尔达维亚-瓦拉几亚公国贵族之子,是俄罗斯帝国军队的一名军官。[37]他将反抗奥斯曼帝国的总部设在俄罗斯帝国境内的基希讷乌[38],此举得到了俄罗斯帝国政府的全力支持。伊普斯兰提斯对希腊爱国者宣称:

> 如果土耳其人在绝望之下胆敢进犯希腊,不要害怕!一个强大的军队随时准备教训这群不知天高地厚的家伙。[39]

是忠于俄罗斯人民的意愿,还是忠于自己的国际主义理想?对此,亚历山大一世并没有犹豫太久。他认为坚持神圣同盟的原则比维护国家或宗教团体的团结更重要。于是,伊普斯兰提斯在俄罗斯帝国军队中的职位被降级了。俄罗斯帝国驻奥斯曼帝国大使斯特罗加诺夫伯爵接到了指示,他告知苏丹政府俄罗斯帝国的军队会严守中立,亚历山大一世并不赞成此次起义。在莱巴赫,亚历山大一世对路易十八的政府代表德·拉·费隆内伯爵表示自己是个讲原则、立场鲜明的人：

> 这些革命者选择在这个时候起事，他们以为各国君主都忙于会议无暇他顾。这些革命者居然还认为我会支持他们的行动。无论俄罗斯人民怎么想，我已经告知全世界，我反对这样的暴动。

由此可见，作为梅特涅的"学生"，亚历山大一世此时已经在反革命的道路上越走越远。他认为，信仰基督教的国民反对伊斯兰教苏丹在世俗生活中的统治，是秘密组织的阴谋活动，甚至还用《神圣同盟盟约》里那些含混的宗教语言将他们描绘成"反基督教"！[40]

1821年6月7日，亚历山大一世从莱巴赫回到了圣彼得堡。会议的决定还言犹在耳，亚历山大一世就不得不开始怀疑自己的东欧策略是否明智。从踏上俄罗斯帝国领土的那一刻起，四处可见支持希腊反抗奥斯曼帝国的游行示威队伍。对于希腊革命的态度，亚历山大一世听到的，不是隐约的威胁就是委婉的不满。[41]俄罗斯帝国驻奥斯曼帝国大使斯特罗加诺夫伯爵，在圣彼得堡向亚历山大一世汇报了自己在君士坦丁堡看到的可怕情形：苏丹马哈茂德二世选择在复活节对东正教采取行动；希腊教会的牧首格里高利五世——亚历山大一世发誓保护和爱重的基督教精神领袖——在做弥撒时，被土耳其士兵从圣坛掳走，并吊死在被亵渎的圣殿大门上，身上还穿着圣衣。

在奥地利外交大臣梅特涅的劝说下，亚历山大一世同意与奥斯曼帝国进行外交谈判。1822年2月28日，奥斯曼帝国扬言要终止谈判，并且致信亚历山大一世，无礼地提出要引渡所有在俄罗斯帝国避难的土耳其人。为安抚亚历山大一世再次燃起的怒火，梅特涅决定投其所好。他提议，召开一次新的欧洲大陆会议，以讨论解决有关希腊独立的所有问题。维也纳再次被选为会议地点。

然而，英国政府需要获得内阁批准，才能根据神圣同盟倡导的"欧洲协调"原则参加欧洲大国的会议，来决定奥斯曼帝国的存亡。狡猾的梅特涅向英国外交大臣卡斯尔雷子爵指出，在希腊与奥斯曼帝国的斗争已两败俱伤——双方都犯下了可怕的罪行，无须等到亚历山大一世的"世界法庭"开审，希腊问题肯定已经尘埃落定。同时，梅特涅和卡斯尔雷子爵均鼓励英国驻君士坦丁堡大使、第六代斯特兰福德子爵珀西·斯迈思（Percy Smythe），以最快速度促使双方达成暂时停火协议。

梅特涅再次成功地把维也纳变成了世界的谈判中心。在俄罗斯帝国爱国者的欢呼声中，帝国军队已经推进到了维特斯布克，但却在此时收到命令，退回到自己的卫戍区。俄罗斯帝国驻西班牙大使德米特里·塔季谢夫已先于亚历山大一世到达维也纳展开谈判。为表示将俄罗斯帝国与奥斯曼帝国的争端交给欧洲议会裁决的坚定决心，亚历山大一世甚至免除了自己的顾问中最坚决主战的安东尼奥和斯特罗加诺夫伯爵的职务。

尽管英国诗人乔治·戈登·拜伦（George Gordon Byron）在诗中赞美

了希腊民族英雄马尔科·博萨里斯（Marco Bozzaris），并亲自投身希腊民族解放运动，打动了19世纪初的古典文学爱好者；尽管温泉关再次见证了，庞大的奥斯曼帝国军队因遭遇希腊军队的抵抗而裹足不前，甚至大败而归——但神圣同盟的外交官们仍然在继续谈判，因为亚历山大一世已再次坚定决心，一定要用自己的神圣同盟重建混乱世界的秩序。而正在进行的又一次欧洲会议，将再次实践他的"崇高理念"。[42]

莱巴赫会议和特罗保会议，使英国与神圣同盟渐行渐远。在英国下议院的会议上，卡斯尔雷子爵经常听到反对党批评英国在欧洲会议上的立场，批判其背离了作为一个自由民主国家所追求的目标。在演讲时，反对党动辄提醒大家，早在当年英国议会刚刚得知神圣同盟这个奇怪组织时，卡斯尔雷子爵就"盛赞"它的可贵动机，但他后来始终没有说服神圣同盟放弃那些激进的做法。[43]

无论如何强调同盟可贵的动机，神圣同盟成员国的君主们宣布的政策无疑是危险的。[44]

作家奥古斯塔斯·格兰维尔·斯特普尔顿（Augustus Granville Stapleton）曾这样描述当时的局面：

> 在世界历史上，一个新时代已经产生了——一个通过欧洲议会，而不是各国政府来管理欧洲的时代。一个摧毁全球人民合法自由的阴谋正在形成，甚至已经开始实施。而当所有这些强大的机器都运转起来

时，大英帝国，即使不是心甘情愿，至少也是被动的旁观者。[45]

就在这样"事态混乱、观念冲突"的形势下，世界得知神圣同盟的三个缔约国君主和英国及法兰西王国的代表将再次在维罗纳举行会议（选择维罗纳而不是维也纳，是因为此次会议的主要议题是意大利的局势）。而此时正是自由主义者对"国际会议"满腹疑虑的时候。

随着第二代伦敦德里侯爵——卡斯尔雷子爵罗伯特·斯图尔特——在其父亲第一代伦敦德里侯爵死后继承的头衔——自杀身亡[46]，英国的外交政策发生了重大的变化。继任的英国外交大臣乔治·坎宁绝不是一个激进分子，甚至一度被改革派视为死敌，但他主张的英国外交政策，受到了立宪派自由主义者的拥护。[47]

1822年9月16日，正式执掌英国外交事务后，坎宁立即转变外交政策，不允许英国外交部参与在维也纳召开的会议，以及随后在维罗纳召开的会议。特别是维罗纳会议，坎宁认为如果可能，最好连参会代表也不要派遣。[48]

卡斯尔雷子爵还在任时，选择了威灵顿公爵作为英国代表参加在维也纳召开的会议。但威灵顿公爵遇事耽搁了行程，等他到达维也纳时，神圣同盟成员国的君主们正动身前往维罗纳。[49]如此一来，允许享誉国内外的威灵顿公爵以英国代表的身份，与欧洲领袖们同往维罗纳，就是理所当然的事了。于是，威灵顿公爵接到了英国政府的明确指示：代表英国政府拒绝直接

卡斯尔雷子爵罗伯特·斯图尔特自杀身亡

或间接参与欧洲在西班牙的任何军事活动——沙皇亚历山大一世希望欧洲议会授权同盟采取军事行动，并且以英国对葡萄牙王国的长期保护协议为由，禁止任何神圣同盟的军队进入葡萄牙王国。虽然威灵顿公爵与坎宁政见不合，但坎宁坚信以威灵顿公爵的人品，认为他一定会忠于职责。

1822年10月至11月，维罗纳会议基本按照梅特涅精心准备的议题按部就班地进行，包括奴隶贸易、美洲水域的海盗问题、西班牙殖民地问题、希腊问题、意大利问题，以及西班牙问题等。[50]由于希腊问题牵涉俄罗斯帝国、奥地利帝国和奥斯曼帝国的争端，严重威胁欧洲和平，所以被提前讨论。

俄土纠纷继续由奥地利帝国和英国调停，而君主们却毫不留情地拒绝给予希腊任何国际援助——哪怕是道义上的支持。因为亚历山大一世不信任任何革命运动，认为革命运动完全不值得同情。虽然希腊代表安德鲁·马特克斯（Andrew Mataxis）向教皇庇护七世的申诉有理有据，但亚历山大一世坚决不允许代表们在大会上陈述意见。一直在安科纳等待君主们开恩的希腊代表们，最后还是被打发回了他们命运多舛的国家。[51]

至于意大利革命运动的问题，维罗纳会议决定遵循神圣同盟的既定原则。奥地利外交大臣梅特涅提出，由奥地利帝国出面镇压意大利革命运动，经过会议授权，奥地利帝国的军事干预几乎变得永久合法。教皇庇护七世勇敢地抗议了这种专横[52]，最后还是亚历山大一世比较谨慎，他在法兰西王国代表的支持下，暗示奥地利帝国，行使这一授权绝不意味着奥地利帝国能永远霸占意大利。

奥地利帝国获得了授权，代表神圣同盟对那不勒斯进行合法军事占领——英国和法兰西王国总体上没有反对，遂了神圣同盟三大盟国的心愿。但除此之外，维罗纳会议的讨论过程已不可否认地预示了"欧洲体系"正在趋向瓦解。然而，沙皇亚历山大一世却对此视而不见，盲目乐观。在与法兰西王国代表夏多布里昂的谈话中，他得意地宣称：

> 现在你相信了吧？神圣同盟难道是像我们的敌人污蔑的那样——为谋私利而有名无实的同盟吗？在欧洲体系建立之初，各国也许还难免会各自为政，但现在我们的文明世界身处险境，各国必须忘掉私利。再也没有什么英国、法兰西王国、俄罗斯帝国、奥地利帝国、普鲁士王国各自为政的政策，我们必须是一个为全体谋福利的联合体。正是基于这样的理念，我才创立了神圣同盟，我必须亲自做表率。现在希腊的叛乱摆在我们面前，从伯罗奔尼撒半岛的动乱中，我看到了革命阴谋的迹象，所以就算遭到俄罗斯人民的强烈反对，也要果断阻止。[53]

英国代表威灵顿公爵坚称，英国政府认为，欧洲会议一致反对西班牙立宪政府是十分危险的。他声称，英国的外交政策一向以不干涉别国内政为基础，所以无论其他国家是否要将大使从马德里撤走,英国的大使一定会坚守。[54]

眼看法兰西王国即将代表神圣同盟对西班牙进行军事干预,威灵顿公爵认为,这是个最好的时机:正式宣布英国国会打算承认西属美洲殖民地的独立政府。这个行动酝酿已久,日后必将对英国和美国的总体策略产生重大影响。英国宣布:

> 鉴于英国人民和西班牙王国的长期友好交往,英国国王陛下认为有必要承认在西班牙总督辖区成立的独立政府,以便英国继续维持与这些地区的联系。西班牙王国统治不力,导致海盗猖獗。如果不与南美洲沿岸的当地政府合作,英国就无法打击令人发指的海盗行径。既然需要与之合作,英国就很难不承认这些新近立宪的政府。[55]

以商业而不是政治为由,承认南美独立政府,可以说是英国政府的权宜之计,暂时回避了长期困扰英国的西班牙王国对殖民地的"合法"统治问题。其实,威灵顿公爵很清楚,除了商业原因,英国和美国一样,有一大批议员因推崇自由制度而支持南美洲的立宪运动。[56]

» 注释

1　关于皮埃尔·德·波列季卡动员美国加入神圣同盟,请参见上一章。

2　国务卿约翰·昆西·亚当斯给亨利·米德尔顿先生的指示,1820年7月5日,指示手稿,俄罗斯帝国外交部。

3　阿德里安·罗比内·德·克莱里(Adrien Robinet de Cléry):《一百年前的外交官弗里德里希·冯·根茨》(*Un Diplomate d'Il Y A Cent Ans: Frédéric de Gentz*),第219页。

4　此时,沙皇亚历山大一世征询英国政府"对德意志邦联,有何打算",英国内阁答复说英国政府无意干预。

5　沙皇亚历山大一世宣称:"一个不知道在适当的时候允许人民立宪的君主,是不幸的。"1820年4月10日,乔治·华盛顿·坎贝尔致国务卿约翰·昆西·亚当斯,信函手稿,俄罗斯帝国外交部。

6　西班牙国王斐迪南七世被迫接受的就是沙皇亚历山大一世曾极力赞成的"1812年宪法"。艾蒂安-德尼·帕基耶:《回忆录》,第4卷,第498页。

7　梅特涅宣称自己"有能力让德意志邦联的各君主相信"任何分歧都无法分裂欧洲的君主们,也无法动摇他们团结一致维护和平的决心。弗里德里希·冯·根茨:《秘密文件》,第2卷,第127页。

8　奥古斯塔斯·格兰维尔·斯特普尔顿:《乔治·坎宁的政治生涯》(*The Political Life of George Canning*),第1卷,第33页。

9　艾蒂安-德尼·帕基耶:《回忆录》,第4卷,第515页—516页。

10　同9,第514页。

11　同9,第526页。

12　弗里德里希·冯·根茨:《秘密文件》,第2卷,第81页。

13　英国外交大臣卡斯尔雷子爵受邀前往特罗保的时机非常尴尬。他说:"我们知道,为了推行同盟的原则,沙皇亚历山大一世可以不惜代价。五大国的首脑很快就会主宰欧洲命运了,过不了多久,圣皮埃尔神父渴望的天下共主,就会实现了。"艾蒂安-德尼·帕基耶:《回忆录》,第4卷,第539页。

14　英国外交大臣卡斯尔雷子爵同父异母的弟弟,原名查尔斯·威廉·斯图尔特(Charles William Stewart)。——译注

15　英国外交大臣卡斯尔雷子爵对埃利·路易·德卡兹(Élie Louis Decazes)称自己"已经厌烦了武装革命"。但自从不得人心的亨利四世即位,英国掀起轰轰烈烈的自由主义运动。这种局势下,无论是那不勒斯王国、西班牙王国还是葡萄牙王国的立宪运动,英国都应避免直接参与。艾蒂安-德尼·帕基耶:《回忆录》,第4卷,第526页。

16 安托南·德比杜尔:《欧洲外交史》，第1卷，第152页。

17 沙皇亚历山大一世"希望能够制定一个保证国家内部和平的法案，就像1814年、1815年和1818年的法案保证了欧洲的政治和平那样"。弗里德里希·冯·根茨:《秘密文件》，第2卷，第97页。

18 《特罗保议定书》的草案签署于1820年11月19日。"这只是神圣同盟三大盟国联手的第一步，很快五国同盟将不复存在。"艾蒂安-德尼·帕基耶:《回忆录》第5卷，第33页—34页。

19 特罗保会议手稿，1820年，俄罗斯帝国外交部。

20 这句话引自1820年12月15日，梅特涅在特罗保写给沙皇亚历山大一世的一封信，其中还有抨击无政府主义的长篇大论。沙皇亚历山大一世本人在信中四处勾画，写满了批注。特罗保会议手稿，俄罗斯帝国外交部。

21 莱巴赫会议记录手稿，1820年，俄罗斯帝国外交部。

22 同9，第5卷，第134页。

23 即两西西里国王斐迪南一世。——译注

24 同21。

25 即1825年即位的两西西里国王弗朗切斯科一世（Francesco I）。——译注

26 同21，第三次会议记录，俄罗斯帝国外交部。

27 包括代表托斯卡纳大公的内里·科尔西尼（Neri Corsini）、代表撒丁国王的达利奥（Daglio）伯爵和代表教皇庇护七世的枢机主教朱塞佩·斯皮纳（Giuseppe Spina）。除了斯皮纳，这些代表纷纷签署了会议决议。梅特涅自鸣得意地认为"意大利的统治者们都会同意本次会议决议"。对此，斯皮纳回答说教皇庇护七世认为，该会议决议应该加上一条:"由于本次会议商讨的是可能采取的敌对行为，所以罗马教廷未授权代表参与大会或提供任何建议。"莱巴赫会议记录手稿，1820年1月28日会议记录，俄罗斯帝国外交部。

28 同9，第5卷，第59页。

29 同9，第5卷，第54页。

30 指查尔斯·文。——译注

31 同21，1820年1月25日会议记录，俄罗斯帝国外交部。

32 克莱门斯·冯·梅特涅:《回忆录》，第3卷，第531页。

33 同12，第2卷，第127页。

34 尼古拉·米哈伊洛维奇大公:《沙皇亚历山大一世》，第1卷，第231页。

35 在法兰西王国和英国，自由党人强烈抗议莱巴赫会议的决议。在英国议会上，詹姆斯·麦金托什（James Mackintosh）先生表示，独立、自由已经到了存亡之际。在

国际会议时代 167

上议院，霍兰爵士查尔斯·理查德·福克斯(Charles Richard Fox)抨击神圣同盟和沙皇亚历山大一世，言辞激烈。艾蒂安-德尼·帕基耶：《回忆录》，第5卷，第146页—148页。还可参阅皮埃尔·德·波列季卡致俄罗斯帝国外交大臣卡尔·涅谢尔罗迭的信，发表在《美国历史回顾》(American Historical Review)，第8卷，第328页。

36 莱巴赫会议中使用的语言之奇特，从附录2中可见一斑。

37 艾蒂安-德尼·帕基耶：《回忆录》，第5卷，第191页。

38 摩尔多瓦首都，1812年被并入俄罗斯帝国。——译注

39 同16，第1卷，第156页。

40 1821年3月10日，亚历山大一世在给自己的密友戈利岑的私信中，措辞更激烈。"亚历山大·伊普斯兰提斯真是疯了。他的行为不仅会导致他自己的毁灭，还会连累无数人一起遭殃。他的同胞根本没有军事能力，土耳其人要毁灭他们简直易如反掌。在我看来，这次暴动的始作俑者其实就是巴黎中央委员会那帮人。显然，巴黎中央委员会认为制造混乱对那不勒斯有利，所以企图阻止我们摧毁这个以宣传'反基督教'学说为目的的邪恶组织。"皮埃尔·雷斯：《一个理想主义者：沙皇亚历山大一世》，第403页。

41 同9，第5卷，第331页。

42 "沙皇亚历山大一世很享受这样的聚会，因为这会勾起他愉快的回忆，让他想起1814年至1815年的他是多么意气风发。"艾蒂安-德尼·帕基耶：《回忆录》，第5卷，第443页。

43 同8，第1卷，第18页。

44 "为维护和平和保护欧洲免受'革命蹂躏'，俄罗斯帝国、奥地利帝国和普鲁士王国立刻用武力摧毁那不勒斯人民渴望的自由制度，哪怕那不勒斯国王斐迪南四世已经答应了人民的请求。如果有人奇怪，为什么俄罗斯帝国、奥地利帝国和普鲁士王国对那不勒斯开刀，却坐视西班牙王国和葡萄牙王国的局势发展？这是因为他们并不会放过西班牙王国和葡萄牙王国，时候一到，自然会动手。"奥古斯塔斯·格兰维尔·斯特普尔顿：《乔治·坎宁的政治生涯》，第1卷，第38页—39页。

45 同8，第1卷，第62页。

46 因工作过劳而精神失控，自杀身亡。——译注

47 接受外交职务前，乔治·坎宁并非没有犹豫。他即将加入的内阁，其中大部分人的外交理念与他有很大分歧，国王乔治四世本人也不支持他的观点。"威灵顿公爵曾经是卡斯尔雷子爵的支持者，所以肯定是个坚定的'大陆学派'。但执掌内阁的第二代利物浦伯爵罗伯特·詹金逊与乔治·坎宁私交甚笃，支持他的外交政策，甚至崇拜他。"奥古斯塔斯·格兰维尔·斯特普尔顿：《乔治·坎宁的政治生涯》，第1卷，第

125页—129页。

48　同8，第1卷，第143页。

49　同9，第5卷，第446页。

50　弗朗索瓦-勒内·德·夏多布里昂：《维罗纳会议》，第1卷，第74页。

51　安托南·德比杜尔：《欧洲外交史》，第1卷，第187页。

52　从一开始，梵蒂冈就对语焉不详的《神圣同盟盟约》有疑虑。那不勒斯国王斐迪南四世已经完全丧失了爱国精神，甚至不顾个人尊严，祈求奥地利占领军继续驻扎在那不勒斯。

53　同50，第1卷，第221页—222页。

54　同50，第1卷，第123页。

55　同50，第1卷，第89页—90页。

56　同50，第1卷，第94页。

第6章

欧洲与门罗主义

弗雷德里克·斯科特·奥利弗 (Frederick Scott Oliver) 概括 1781 年亚历山大·汉密尔顿 (Alexander Hamilton) 的政策:"美国国家领导人的目标应该是预防和阻止欧洲在任何时候干预美国的发展,甚至干预整个北美洲的命运。"

——汉密尔顿,

《论美国的统一》(An Essay on American Union)

维罗纳会议进入了尾声,大会的最高成就——陈词滥调的宣言,正在由神圣同盟的代表们起草。与此同时,巴黎方面也在紧锣密鼓地商讨,如何执行法兰西王国被指派的任务:武力干预西班牙王国的革命。法兰西王国代表夏多布里昂与亚历山大一世进行了最后一次会晤。可以说,在维罗纳会议期间,亚历山大一世将自己的全部魅力都施展在了两位法兰西公使——蒙莫朗西 (Montmorency) 和夏多布里昂身上。蒙莫朗西也算眼光长远、胸有城府,与亚历山大一世几乎不相上下,却被亚历山大一世几句话鼓动,同意替西班牙国王斐迪南七世出头。法兰西王国首相约瑟夫·德·维莱勒 (Joseph de Villele) 派夏多布里昂同来，指望他能弥补蒙莫朗西这个正统主义者的不足，可夏多布里昂因自己的虚荣心而有辱使命。亚历山大一世的几句恭维话和一点小恩小惠，就让夏多布里昂真心认同，法兰西王国只有参与对西班牙殖民地的干预，才能在国际政坛上重振声威。其实，法兰西政府出兵西班牙殖民地，对俄罗斯帝国并没有什么好处，但看到镇压革命的计划终于落实，特罗保和莱巴赫的国际协商会议也有了实际效果，亚历山大一世就感到满心欢喜。

此时，夏多布里昂已经完全认同了法兰西王国出兵西属美洲的计划。他仿佛已经看到自己站在了世界舞台的中央，一副历史缔造者的样子。只有写出了《阿达拉》(Atala)的夏多布里昂才能如此自负，他竟然将维罗纳会议的始末编撰成两大卷的《维罗纳会议》(The Congress of Verona)，详细展示了西班牙王国统治南美的历史及门罗主义诞生的经过。[1]

法兰西王国境内反对声高涨，抗议亚历山大一世以国际义务为由，将武装干涉西班牙殖民地的任务强加给法兰西王国。反对人士大声抗议：作为一个君主立宪制国家，法兰西王国却动用武力压制南美洲各国的立宪政府，企图在一个自由国家恢复专制，实在是自相矛盾。法兰西宪法支持者也质疑道：正是依据《宪章》(the Charter)，法兰西政府才获得了合法地位，而现在却要干涉西班牙殖民地的政务，废除西班牙殖民地的宪法。可惜，因为听信夏多布里昂的蛊惑，加上受到极端保皇党人的影响，法兰西王国首相维莱勒本来坚决不听从亚历山大一世的意见,现在也开始动摇了。英国外交大臣乔治·坎宁致信夏多布里昂,才略微延缓了法兰西军队的出动时间。[2]

在接下来的几个月里,亚历山大一世饱尝了失望的滋味,也听够了对"协调行动"的批评。欧洲的核心问题不是法兰西王国镇压西班牙革命或希腊独立战争,但亚历山大一世焦虑地关注着事态的发展,他为了恪守神圣同盟的原则而拒绝参与干预。俄罗斯帝国不能在军事行动中扮演更活跃的角色,因为奥地利帝国对俄罗斯帝国心怀戒备。同时,法兰西政府也希望,把平定西班牙革命的功劳全部都留给波旁王朝。然而,亚历山大一世依然向盟国暗示,俄罗斯帝国的精锐部队正在波兰集结,并且他已经开始夸大其为同盟军了。[3]在扶持西班牙国王斐迪南七世复位的每一场战斗过后,只要是对亚历山大一世的建议、"策略"表示了一点尊重的人,亚历山大一世都会大肆表彰,授予勋章。

1823年欧洲镇压革命运动的军事行动细节,不属于本书研究的范围,故而只做简略概述。[4]一位波旁王子扛着波旁王朝古老的白旗(又称鸢尾花旗)越过了西班牙边界。靠着法兰西军队数量上的优势和教皇国出兵相助,指挥官昂古莱姆公爵路易·安托万(Louis Antoine)很快就来到了西班牙立宪政府的所在地加的斯。当然,这里还有名为西班牙国王,实为政治犯的斐迪南七世。虽然英国和美国一直在道义上支持南美的立宪事业,但到了1823年9月底,起义军队的抵抗已没有任何意义了。在做出了各种庄严宣誓,保证不对宪政派实施打击报复后,斐迪南七世重获自由。然而,一得到法兰西军队的保护,斐迪南七世就下令展开反革命恐怖行动,这使他至今仍受到半岛[5]上人的诅咒。爱国主义领袖拉斐尔·德尔列戈在马德里遭受酷刑后被绞死。很快,当地组成了一个全由"罗马天主教教徒"构成的保皇党政府,对反复无常的斐迪南七世言听计从。法兰西指挥官昂古莱姆公爵路易·安托万既无力阻止,又不堪忍受,一气之下,把怨声载道的占领军留在了西班牙,只身返回了法兰西。[6]

这下,葡萄牙王国的保守党也开始效仿西班牙国王斐迪南七世,却遭到了英国外交大臣坎宁的干预。1824年3月31日,坎宁致函法兰西政府,暗示如果法军胆敢靠近葡萄牙边境,就将被视为对英国发动的"敌对行为"。然而,就算坎宁努力将葡萄牙从"君主制"和"自由制度"的争论中挽救出来,但专制主义者还是再次拿起武器反对立宪政府。[7]

虽然波旁王朝武装干涉西班牙革命的短暂胜利,让神圣同盟的反革命集团高兴了一阵子,但西属美洲的局势很快让其恐慌起来。法兰西王国在西班牙每成功推行一项政策,英国外交大臣坎宁就设法在西班牙殖民地为英国扳回一分。但即便如此,他还是倾向于在南美洲保留君主制。他支持阿古斯丁·德·伊图尔维德(Agustín de Iturbide)在墨西哥建立帝国就是明证。但在南美洲,坎宁要面对美国这个日渐强大的共和国。1823年7月,伦敦政府获悉伊图尔维德在中美洲建立大帝国的设想失败了。在美国的影响下,墨西哥准备成立联邦共和国。[8]

后来,英国政府同意墨西哥宣布共和,因为夏多布里昂这

在前往刑场的途中,拉斐尔·德尔列戈遭受酷刑

个外交掮客一再请求法兰西国王路易十八干预墨西哥革命。[9]此时，法兰西王国对西班牙本土的控制已经十分牢固了，夏多布里昂这个富有想象力的政治家意图扩大控制范围，他不禁对西班牙的海外殖民地心生歹念。时任法兰西外交大臣的夏多布里昂，向西班牙国王斐迪南七世暗示了一个折中方案：把南美洲的殖民地变成若干独立辖区，再结成一个独立的公国邦联。每个公国的首脑分别从法兰西、西班牙和意大利的波旁家族的王子中选出，整个计划由神圣同盟负责和监督实施。直到这时，英国外交大臣坎宁才首次向美国表示，既然英国和美国对自由主义有着共同追求，何不统一行动？对整个美洲来说，这无疑是改变历史的时刻。[10]

1823年3月31日，驻英国宫廷的美国大使理查德·拉什与坎宁进行了一次重要会晤，商讨西班牙殖民地问题。拉什问坎宁，在法兰西军队入侵西班牙前夕，英国发表的声明是否表示，如果法兰西政府将美洲任何一个殖民地"据为己有——无论是武力占领，还是接受西班牙王国的割让"，英国都不会坐视不管。坎宁以问代答，他问拉什，美国政府愿不愿"就这项政策与英国携起手来"？拉什立即回答"他不觉得有联合行动的必要"。[11]

其实，坎宁没有得到拉什的正面答复，是因为对方在等待美国政府的指示。1823年8月22日，拉什重提此事，坎宁阐述了英国政府的立场：[12]

一、英国认为西班牙王国收复殖民地无望。

二、承认这些殖民地的独立只是时间和场合问题。

三、但如果殖民地和宗主国之间有友好和谈的可能，英国绝不阻拦。

四、英国并不打算将这些殖民地据为己有。

五、如果任何国家打算占有这些殖民地，英国绝不会坐视不管。

通过拉什，坎宁还动员美国政府，如果美国赞同以上意见，最好与英国同时发表一个类似的声明，表示英国和美国这两个盎格鲁-撒克逊民族国家，谁也不觊觎南美洲这片土地。这样法兰西政府将受到警告，西班牙王国也会信服。[13]

1823年8月23日，拉什答复了坎宁[14]，除了关于承认独立政府的问题——因为美国已经表示过承认了，美国一律赞同。在向美国政府汇报此事时，拉什慎重地指出，他虽然认为有必要在自己的职权范围内，尽可能表示认同英国政府的提议，但绝不能让其认为美国政府同意与英国联合行动，更不能让"美国卷入欧洲的联盟体系"。[15]事态后续的发展证明，他对美国政府的提醒是必要的。1823年8月26日，坎宁告知拉什，西属美洲的局势将成为下一次欧洲会议的议题，一旦法兰西王国终止在西班牙的军事行动，欧洲各国将会立即召开会议。

1823年8月28日，拉什告诉国务卿亚当斯，局势发展之快，已经令他目不暇接了。他打算"以我国政府的名义发表声明，告诫'神圣同盟',如果'神圣同盟'对已经宣布独立的国家发动袭击,美国绝不会袖手旁观"。他还打算联合英国发表这份声明,但前提是,英国政府必须"立即承认这些国家的独立"。可惜,坎宁认为承认独立的时机尚不成熟——英国直到1824年才承认。否则,拉什这位智勇双全的外交官就能仅凭一己之力,巧妙地将英国和美国的政策结合到一起,同时给美国国务院留下拒绝的余地。[16]

1823年11月26日,坎宁告知拉什,鉴于在承认南美洲国家独立的问题上两国意见相持不下,因此,他决定"英国政府不再就此事寻求与美国联合,而要单方面向法兰西政府澄清英国的立场",并且他已经与法兰西王国驻英国大使朱尔·德·波利尼亚克(Jules de Polignac)亲王商讨过多次,[17]撰写了正式的备忘录,以证明英国立场坚决。同时,英国政府还发表了一个声明,说明英国决心退出神圣同盟议会体系。"关于西属美洲问题,欧洲各国的立场、态度完全不同。有的国家的意见还不够明确,并且它们的利益也与会议的决议没有多大关系。鉴于此,英国将不再参与这个问题的讨论。"[18]

得知这个声明后,法兰西王国驻英国大使波利尼亚克奉命对外交大臣夏多布里昂之前的表态作了一定的修正,几乎完全赞同了英国的主张:

> 我国政府也认为,西班牙王国不会恢复其在西属美洲的宗主国地位;

> 法兰西王国绝不打算利用西班牙王国与其殖民地的冲突为自己谋利,更没想过将西班牙王国在美洲的殖民地据为己有,或获取任何特权;
>
> 和英国一样,法兰西王国也非常乐意看到西班牙王国能够用友好的方式从美洲获得更多商业优势;
>
> 与英国一样,法兰西王国满足于在美洲成为宗主国之外的最惠国之一;
>
> 在任何情况下,英国都不会以武力对抗殖民地;
>
> 至于如何处置西班牙王国与其殖民地才最恰当,法兰西政府无法决定,也不敢妄言,除非法兰西国王做出决断。[19]

波利尼亚克虽然从总体上表示认同坎宁的备忘录,但还不准备放弃法兰西王国对西班牙王国的干涉行动。现在,法兰西王国非常盼望召开下一届欧洲会议。波利尼亚克表示:在这个问题上,无论英国称自己与神圣同盟有多大分歧,他都不认为有什么困难可以阻止英国参加会议。[20]

但同时,波利尼亚克默认了法兰西王国接受英国对南美的原则,根据神圣同盟所宣称的"各国政府联合一致的原则",也就意味着神圣同盟默认了英国的立场。[21]不过,波利尼亚克也称英国对西属南美洲革命的态度是"荒唐而危险的"。

坎宁曾经把英国承认南美国家独立,解释为纯粹的商业需要,现在又补充说:

一方面,英国政府很乐意在这些地区确立君主制,无论过程多么艰难;但另一方面,英国政府并不认为实行君主制是这些政府获得承认的前提条件。[22]

从上述的声明可以看出,法兰西王国并没有完全放弃自己反对革命的立场。其表态"西班牙王国不会恢复其在西属美洲的宗主国地位",并不是真心话。此时,英国仿效美国,向南美洲主要的几个"省"派驻领事,对于哥伦比亚和墨西哥,则委派专员——算是给"大使"这个外交身份略遮一层薄纱。

坎宁意识到,法兰西国王路易十八的所作所为,代表的都是神圣同盟的立场。但此时,关于奥斯曼帝国领土的复杂谈判还在进行,所以坎宁认为没有必要冒险与俄罗斯帝国和奥地利帝国公开决裂。英国内部,威灵顿公爵和首相利物浦伯爵也有反对革命运动的倾向,所以英国决定暂时不公开反对"保守主义""维护正统"等原则。[23]

为获得俄罗斯帝国、奥地利帝国、普鲁士王国的干预支持,西班牙国王斐迪南七世本人做出了最后的努力。他提议——

在巴黎召开神圣同盟会议,各国代表和君主一同商议如何帮助西班牙王国解决殖民地叛乱问题。[24]

这个提议由西班牙外交大臣M.皮萨罗转达给法兰西王国、俄罗斯帝国和奥地利帝国的外交官员,语气显得十分有诚意。

斐迪南七世甚至保证"考虑接受西班牙南美殖民地的变革"。[25]

为了说服英国政府对斐迪南七世的荒唐往事既往不咎,并同意继续参加欧洲会议,商讨西属美洲事宜,夏多布里昂多次与坎宁书面协商。然而,这反倒使英国外交部更旗帜鲜明地表明了对国际干预问题的立场。坎宁说:

> 维持英国的国际影响力,绝不是靠无休止地制造露面机会,也不是靠不断干涉别国的些许利益之争、国内纷争获得的。相反,这些无休止的琐事,很可能消耗并掏空英国的影响力。当形势风云突变时,反倒无计可施。[26]

坎宁对欧洲联盟的厌恶,在下面一系列诘问中体现得淋漓尽致:

> 在欧洲联盟国的会议中,英国政府何曾有过什么影响力?在莱巴赫,我们表示了反对;在维罗纳,我们表示了谴责。结果呢?抗议成了一张废纸,谴责散得比风还快。[27]

此时,南美洲的一众共和国,凭借武装力量,纷纷争取到了人民渴望的政府形式,实现了英国和美国自由党人的夙愿。安东尼奥·何塞·苏克雷(Antonio José de Sucre)和西蒙·玻利瓦尔领导的革命都取得了成功——遗憾的是，玻利瓦尔后来成了包括秘鲁共和国、委内瑞拉共和国和大哥伦比亚共和国联盟的独裁者。

1824年12月9日，阿亚库乔战役后，西班牙军队在卡亚俄被围歼，西班牙王国在南美的殖民统治就此成为历史。亚历山大一世和夏多布里昂利用国际行动左右新世界命运的妄想永远地化为了泡影。夏多布里昂从此退出了政治舞台，而就连极端的保皇党人也不得不为之遗憾。后来，夏多布里昂将自己举世公认的才华，尽数倾注在反对维莱勒内阁的漫长斗争中。

而直到此时，美国尚不知道波利尼亚克的声明。门罗政府还在积极考虑，在反对欧洲体系的道路上，美国要如何孤军奋战。[28]

1823年11月19日，在与英国内政大臣亨利·阿丁顿（Henry Addington）会晤时，美国国务卿亚当斯声明：对英国来说，切断与神圣同盟的密切联系可能有困难，但美国坚决拒绝参与任何有关南美事宜的会议，除非南美新兴共和国与会。他坚称，没有任何会议可以"授权欧洲将手伸过大西洋"。谈到"欧洲议会制度"，亚当斯更是毫不客气："美国政府认为这样的会议弥漫着有害空气，危害美国公使的健康。"在日记中，他还写道："我强烈谴责欧洲国家武力干涉南美，所以我们拒绝参与欧洲的任何干涉行动。"

关于俄罗斯帝国大使波列季卡力劝美国加入同盟一事，亚当斯写道："'神圣同盟'总是用自己的原则来教育、指导我们。出于对'神圣同盟'的坦诚，我们也应该礼尚往来。"

亚当斯温和的立场赢得了美国国会的支持。1823年12月，门罗的国情咨文就体现了亚当斯的主张。而对于美国符合英国立场的这一主张，英国议会的自由党人非常满意。[29]1823年12月2日，美国发表国情咨文，即《门罗宣言》(Monroe Doctrine)。1823年12月，门罗反对欧洲各国干预涉及美洲利益的问题。为进一步表明美国对欧洲事务敬而远之的态度，门罗和亚当斯还明确反对亚历山大一世以和平同盟的名义，建立国际会议制度。显然，美国早就意识到，欧洲的大国会议，无一例外，为了回避棘手的欧洲问题——因为利益纠葛，问题往往变得异常复杂——就团结起来对美洲指手画脚，甚至威胁恐吓。

《门罗宣言》还有一项重要内容：警告欧洲"不许再设殖民地"。美国之所以发表这条警告，是因为欧洲对北美的政策一直悬而未决。对美国在北美大陆的扩张，亚历山大一世没有用神圣同盟的兄弟友爱之说来加以反对。亚历山大一世虽然曾试图在亚琛会议的决议中，专设一个领土保障条款，但从未使用"协调行动"来迫使美国政府改变其在佛罗里达问题上多少有点儿蛮横的做法。美国这个年轻的共和国，反对欧洲大陆国家将自己的制度延伸到南美，以及企图"控制南美洲的命运"，当然更不允许欧洲大陆国家在北美洲为所欲为。因此，《门罗宣言》中附带有关于北美洲的领土宣言。这就让人联想到亚历山大一世著名的《1821年敕令》(The Ukase of 1821)了。[30]

《1821年敕令》被视为俄罗斯帝国开始向太平洋北岸扩张的标志。其中规定"从白令海峡到北纬51°，严禁除俄罗斯帝国国民以外的人经商、捕鲸或捕鱼"。同时还规定,距离俄罗斯帝国沿海殖民地一百意大利里[31]以内的领海权属俄罗斯帝国,严禁外国商船靠近,违者将没收其船只。[32]

美国驻俄罗斯帝国大使米德尔顿向西伯利亚总督斯佩兰斯基表示抗议,后者一再向米德尔顿说明,亚历山大一世完全是出于对美国的尊重,才放弃了视北方这片海域为领海的初衷。在没有收到任何指示的情况下,米德尔顿只能勉强援引了1493年的《教皇诏书》(Papal Bulls of 1493)来反驳俄罗斯帝国,诏书规定"这片海域归西班牙王国和葡萄牙王国所有"。[33]

然而,米德尔顿很快就意识到《1821年敕令》并没有得到严格执行,同时发现,"在签署这份敕令前,亚历山大一世并没有过目",那么"他的签名有可能是别有用心的人骗取的",而骗取这个签名的人一定跟太平洋西北岸的贸易有利益瓜葛。然而,俄罗斯帝国驻美国公使安东尼奥坚称:无论如何,"俄罗斯帝国不会收回成命"。但同时,米德尔顿一再收到俄罗斯帝国的保证,"敕令绝没有您担心的意思"。[34]在接下来的谈判中,确实有无数证据显示,亚历山大一世打算放弃自己的主张,但又不希望脸上无光。可以说,《1821年敕令》最重大的历史意义就是推动美国发表了重要政策声明和《门罗宣言》中的美洲"非殖民化"条款。

1822年2月,俄罗斯帝国大使波列季卡告知美国国务卿亚当斯《1821年敕令》的内容后,美国立即表示抗议。门罗总统质问俄罗斯帝国,为何在没有任何条约规定海域分界线的情况

门罗主义诞生（1823）。图中的人物是门罗主义的设计者。从左至右分别是约翰·欧文·亚当斯、威廉·哈里斯·克劳福德（William Harris Crawford）、威廉·沃特（William Wirt）、詹姆斯·门罗、约翰·考德威尔·卡尔霍恩（John C. Calhoun）、丹尼尔·D.汤普金斯（Daniel D. Tompkins）和约翰·麦克莱恩（John McLean）

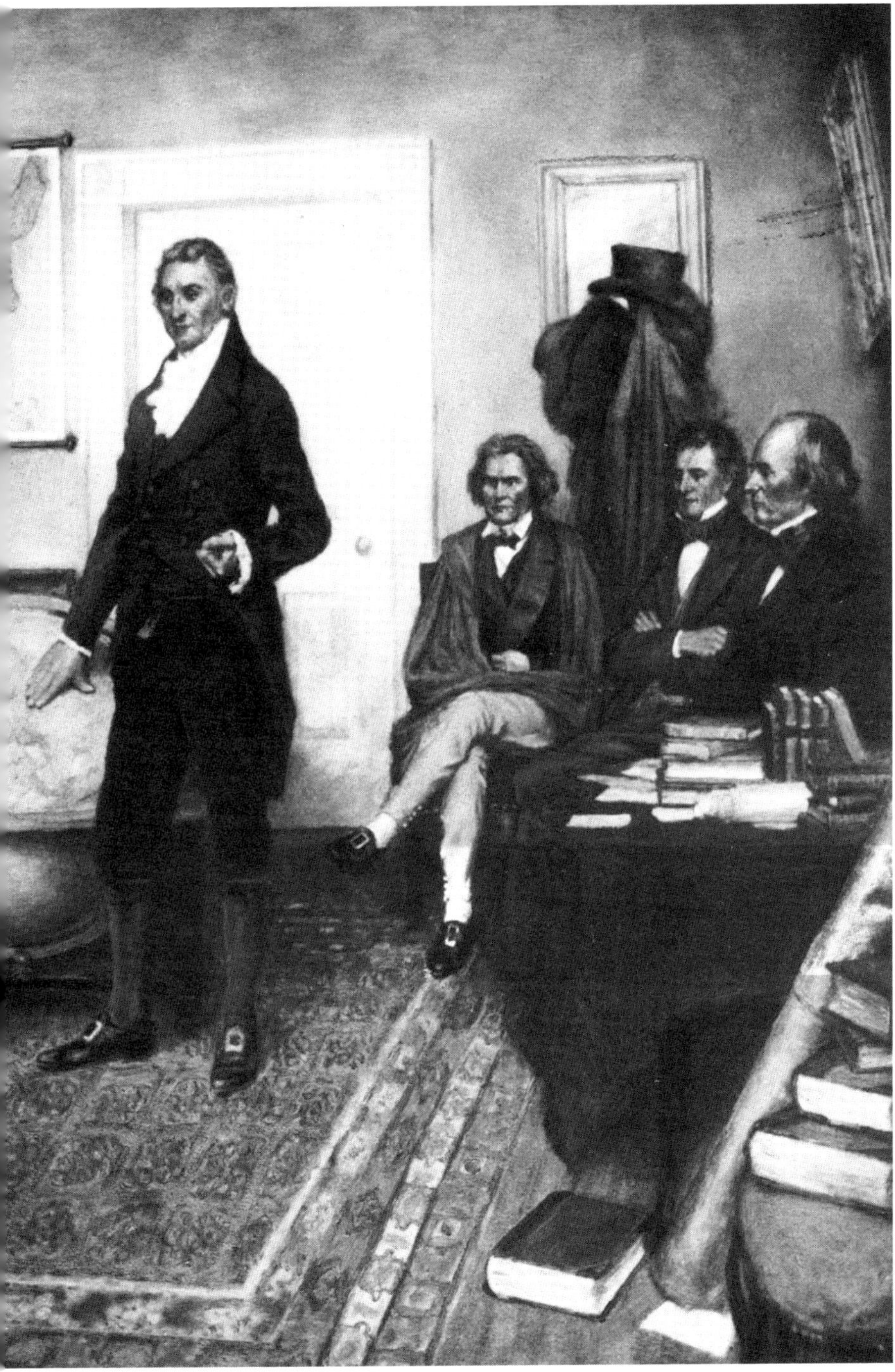

下，俄罗斯帝国自行决定以北纬51°划界？波列季卡回答，因为俄罗斯帝国的殖民地阿尔汉格尔斯克[35]和美国在美洲最北部的殖民地——哥伦比亚河的入海口之间，恰好被北纬51°平分。虽然1822年12月国情咨文中提到了有关《1821年敕令》的问题，但直到1823年4月，新的俄罗斯帝国大使塞罗斯克肯抵达美国，两国才就此问题进行了磋商。塞罗斯克肯说明了亚历山大一世的态度，希望美国政府授权驻圣彼得堡大使米德尔顿，与俄罗斯帝国谈判解决两国有关《1821年敕令》的分歧。亚当斯表示同意，起草了给驻俄罗斯帝国大使米德尔顿的指示。

1823年7月，俄罗斯帝国大使塞罗斯克肯应召前往美国国务院，并被告知美国政府改变了决定，南美洲和北美洲的领土今后将永远不再允许欧洲殖民。国务卿亚当斯做出这个决定首先是基于美国大使米德尔顿与圣彼得堡谈判的结果[36]；其次是因为西班牙王国刚刚与美国签署条约，把北纬41°以南，从罗伯特·格雷船长 (Captain Robert Gray) 大发现 (1792年) 和刘易斯与克拉克远征 (the Lewis and Clark Expedition) 时期 (1804年—1806年) 就处于美国实际控制中的区域，全部割让给美国。

在英国和美国解决《1821年敕令》涉及的大片领土的主权归属问题前，这些领土由英国和美国共有。因此，抗议亚历山大一世的《1821年敕令》，符合英国和美国共同的利益，并且在《门罗宣言》宣布"非殖民化"原则前，英国和美国的政策似乎再次有了联手的可能。然而，1824年1月5日，美国大使拉什在伦敦与英国外交大臣坎宁商谈政务时，坎宁对拉什说："门罗总统不允许欧洲在美洲再殖民的宣言,令他十分发愁,不知如何给查尔斯·巴戈特(Charles Bagot)爵士下达工作指示。"[37]坎宁还请求拉什在圣彼得堡谈判时,按照此前美国的提议,英美分别与俄罗斯帝国谈判,而不是三方一起谈判。[38]于是,争取欧洲国家支持"非殖民化"原则,或者至少让这些欲壑难填的家伙暂时隐忍不发的重任,就只能由美国大使拉什负责了。在法兰西王国驻英国大使波利尼亚克举办的晚宴上,拉什表示希望法兰西王国不要出面反对,因为他即将面对"整个英国内阁的反对"。这样一来,欧洲国家就没有立即反对"非殖民化"政策。随着时间的推移,这项重要政策就逐渐稳固下来。[39]同时,《1821年敕令》的问题得到了妥善解决。1824年4月,即《门罗宣言》发表四个月后,美国大使米德尔顿代表美国与俄罗斯帝国签订条约,将《1821年敕令》划界的北纬51°修改为北纬55°。[40]

《门罗宣言》向世界发布了美国外交的两大重要原则,即禁止欧洲国家将自己的制度扩展到美洲,摆布美洲人民的命运,[41]以及禁止欧洲在美洲再设殖民地[42]。美国国会既然做出以上声明,就需要承担相应的义务,即再次承诺不参与欧洲事务。[43]

欧洲的局势立刻就检验了这个承诺的真诚性。希腊追求独立的斗争一直得到美国的同情。门罗总统打算授权拉什,协同英国政府干预希腊国内可怕的局势,甚至打算给希腊拨款。1822年12月3日,在国情咨文中,门罗宣称:"希腊人民再次展示出他们争取自由的迫切心情,震撼了全美国,美国人民也显示出深切的同情和支持。"同时，门罗表达了强烈的愿望，希望"这些民族能够重获独立，和其他国家平等地屹立在这个世界上"。[44]多亏国务卿亚当斯的提醒，以及他对美国"不参与欧洲事务"政策的坚持，才遏制住了门罗总统援助希腊的冲动。在1823年的国情咨文中，希腊问题再次被提及，但因为与亚历山大一世提倡的国际主义政策没有多大冲突，所以完全没有引起圣彼得堡方面的注意。[45]

对于如何处理这些革命运动，因受本书主题限制，我们仅仅就亚历山大一世如何将此当作推行自己国际主义路线的最后机会，作一下简单研究。

亚历山大一世错判了奥斯曼帝国镇压希腊革命的形势。当得知坎宁凭借自己的谈判技能，既保障了英国的利益，又维护了希腊爱国者的权益时，亚历山大一世一定很失望、很痛苦吧？坎宁果然是个能臣，连老谋深算的梅特涅也被牵着鼻子走。亚历山大一世终于意识到坎宁是神圣同盟的天敌。当英国诗人拜伦亲自领导一支志愿军投入战斗，支持希腊独立时，坎宁巧妙地在英国自由派支持希腊的立场和维护奥斯曼帝国政府的英国传统之间维持着平衡。

然而，当法兰西王国成功干涉西班牙殖民地的革命运动时，亚历山大一世决定呼吁自己的盟友，再次祭出自己热爱的"欧洲干预"的大旗，号召欧洲国家平定希腊革命。为此，他要求1823年10月在切尔诺夫策会晤奥地利皇帝弗朗茨一世，而俄罗斯帝国外交大臣涅谢尔罗迭也被派到伦贝格，去襄助卧病在床的梅特涅。

在前期的非正式交涉中,大家得出了一个折中方案:奥地利帝国和英国可以继续和奥斯曼帝国谈判,但同时五大国必须参加即将在圣彼得堡召开的一系列会议,这样一来,亚历山大一世就能及时决定对革命运动采取怎样的行动,而这些会议也暴露出团结神圣同盟成员国的纽带已经脆弱不堪了。

亚历山大一世企图将希腊问题变成"欧洲问题"的最后努力,遭到了执掌查理十世(Charles X)反动政府的首相维莱勒的反对。他拒绝参与任何可能危害英国和法兰西王国关系的行动。甚至连梅特涅控制的柏林宫廷,也大胆反对欧洲干涉希腊的行动。

奥地利大使反复声明,奥地利帝国皇帝弗朗茨一世是无论如何也不会采取"强制手段"的。六周的辩论徒劳无益。为了让大会不至于以失败告终,1825年4月7日,会议通过了一份议定书。对于实质问题,该议定书只字不提,只要求苏丹政府"自发地"采取必要措施平定叛乱。如果苏丹政府行动不力,各国可以单独"进行调停"。文中特意强调"单独",正是各国因顾忌英国对希腊的态度而做出的让步。

"协调行动"几乎彻底宣告失败,亚历山大一世恼羞成怒。他用刻薄的语言,指责盟国居然这样对待自己,还暗示希腊问题并不是俄罗斯帝国和奥斯曼帝国之间"唯一的分歧"。此前,为欧洲利益着想,俄罗斯帝国暂时放下了自己对奥斯曼帝国的不满。而现在,既然欧洲议会置欧洲利益于不顾,那么俄罗斯帝国就有权自己解决"其他的分歧"。[46]

虽然梅特涅使尽浑身解数斡旋，但看起来，欧洲国家担心的俄土之争在所难免。俄罗斯帝国外交部再次向奥斯曼帝国政府发难，并且俄罗斯帝国军队也开始向普鲁特河集结，而这也是俄罗斯帝国进军土耳其的一贯路线。同时，沙皇亚历山大一世开始视察俄罗斯帝国南部省份。在欧洲人眼里，这十分危险。

正在这时，希腊局势有了意想不到的变化。帮助奥斯曼帝国镇压伯罗奔尼撒叛乱的埃及军队，在即将胜利夺取纳夫普利亚时，突然停止了进攻。1825年7月，埃及军队离开的黎波里，返回埃及。对这个突发"善心"的举动，唯一的解释是英国政府的干预。英国皇家海军汉密尔顿准将率领的英国舰队对奥斯曼帝国海军基地的威胁，远比神圣同盟的联合抗议更有成效。趁局势暂缓之际，希腊政府立即从希腊王位继承人中，挑选了萨克森-科堡-哥达家族的利奥波德[47]为王，法兰西政府一心想为波旁王子争取的王冠，就这样旁落了。

多亏了英国外交大臣坎宁的外交谋略和强大的英国皇家海军，希腊问题似乎即将得到解决。亚历山大一世试图通过俄罗斯帝国驻英国大使利芬伯爵的夫人，与英国外交部达成和解。醉心于国际调停的亚历山大一世，多么怀念昔日的荣光呀！此刻他却不得不屈从于坎宁的条件：俄罗斯帝国军队必须从普鲁特河撤军。坎宁甚至威胁说，如果俄罗斯帝国拒不服从，英国将占领伯罗奔尼撒半岛和希腊群岛。

不过，在亚历山大一世即将挥手道别其一生致力追求的欧洲"调停原则"时，局面突然出现了戏剧性的变化。1825年9月1日，亚历山大一世从圣彼得堡启程前往俄罗斯帝国南部，但这次不是为了军事抱负，而是因为他的健康状况每况愈下。在其庞大帝国的欧亚交界处的一个小城，这位理想主义帝王，即将演完自己人生的最后一场大戏。当年那个征服了拿破仑，幻想靠"耶稣的公正、慈爱及和平"缔造神圣同盟的逐梦者，经历了凯旋和挫败。而现在，一切都将离他远去。曾经轰轰烈烈的一生，如今留下的只有受挫、失败后的黯然神伤。

沙皇亚历山大一世太在乎同时代的人对他的看法，但偏偏他的每一项国际新政策，都会受到误解和猜忌，这令他痛苦万分；[48]而他偏执地为欧洲联盟的教条主义的理想牺牲俄罗斯帝国的利益，使他的国内声誉跌到了谷底，这是他无法自欺的事实。

对国内外革命运动近乎病态的厌恶，已经主宰了沙皇亚历山大一世的政策路线。他被暗杀的可能性越来越大，他也几乎认定这将是自己的宿命——很难说这到底是终日昏睡产生的幻觉，还是一种无畏的豪情。然而，他仍然坚定地指使神圣同盟镇压革命。1825年7月，就在他去世的前几个月，他喋喋不休地告诫法兰西大使，与圣多明哥的叛乱分子签订和约会使局势变得多么危险。[49]"我们从事的斗争，是善与恶、法制与混乱的现状、秩序与无序之间的斗争……正因承认了美国的独立，才直接导致了法国大革命。"[50]

虽然沙皇亚历山大一世已经深陷蒙昧主义的深渊，但先前的自由主义偶尔还会在他身上闪现光芒。在临终的日子里，他又回想起青年时期的梦想和愿景。杰出的历史学家尼古拉·米哈伊洛维奇·卡拉姆津 (Nikolay Mikhaylovich Karamzin) 提醒他"时日无多"，而俄罗斯帝国还在等待他实现自己登基时的诺言。他回答说："我一定会让我的帝国获得最基本的权利！"[51]这是他临终前的誓言，却和此前的许多誓言一样，徒然无功。对熟悉他的人来说，亚历山大一世直到最后都是"让人琢磨不透的斯芬克斯"。[52]

亚历山大一世的手下发现，自从对希腊的政策失败后，他就陷入了茫然，不知道该干什么。他既害怕自由派在坎宁的影响下指责自己；又不愿想起自己如何屈从于反动的梅特涅。当然，亚历山大一世无精打采的样子主要还是疾病所致。他的身体状况很糟，这一点他身边的人都明白。反复发作的丹毒不仅使他长期卧床不起，还让他变得疑神疑鬼。[53]

亚历山大一世越来越坚信，自己身处在一个大阴谋中，有人密谋夺取他的皇位甚至性命。他急不可耐地准备前往南方——计划于1825年7月成行——却收到了"革命党派"阴谋造反的可怕消息。一个有着英国血统的俄罗斯帝国军官，弗拉基米尔·奥希波维奇·舍伍德 (Vladimir Osipovich Sherwood) 向自己的上级揭发了造反计划。后来，便有了举世闻名的对十二月党人的秘密审判。

经过两周的车马劳顿，亚历山大一世终于到达了黑海边的港口小城塔甘罗格，不久后，亚历山大一世的妻子伊丽莎白·阿列克谢耶芙娜皇后也赶来了。远离了皇宫烦琐的礼仪，也没有了圣彼得堡频繁的军事行动的滋扰，亚历山大一世极度抑郁的状况似乎有所好转。他和疲惫不堪的皇后阿列克谢耶芙娜的关系缓和了很多，甚至爱意重燃。然而，吞噬着他的那种神经质的狂热很快驱使他再次踏上旅程。他不顾医生的劝阻，执意视察了克里米亚。1825年11月17日，回到塔甘罗格后，亚历山大一世就高烧卧床，一病不起。

虽然病情凶险，但亚历山大一世却不肯按医生詹姆斯·怀利 (James Wylie) 和康拉德·冯·施托夫雷根 (Konrad von Stoffregen) 的处方服药。大家意识到，他们的沙皇已经失去了求生的意愿，只是那魁梧的身躯似乎还不肯离开这个世界。1825年11月27日，一位神父被匆忙召来为他作临终忏悔，亚历山大一世虔诚得令人动容。1825年12月1日，亚历山大一世驾崩。[54]

» 注释

1　弗朗索瓦–勒内·德·夏多布里昂：《维罗纳会议》。
2　乔治·坎宁机智地回应了《墓畔回忆录》的作者夏多布里昂："在进军前，至少先谈判，让西班牙革命的烈火在自己的坑洞里自生自灭。火山喷发没什么可怕，只要你别在比利牛斯山脉开个豁口，给岩浆引流。这就是我能给您的最真诚的建议。第二代利物浦伯爵告诉我，在离开英国前，您也曾经赞同这个意见。"弗朗索瓦–勒内·德·夏多布里昂：《维罗纳会议》，第1卷，第473页。

3　皮埃尔·雷恩：《一个理想主义者：沙皇亚历山大一世》，第425页。

4　艾蒂安–德尼·帕基耶：《回忆录》，第1卷，第497页—499页。

5　指伊比利亚半岛。——译注

6　同4，第1卷，第517页—521页。

7　1824年9月，神圣同盟三大盟国的君主们迎来了一个志同道合的新伙伴，对他们崇尚的蒙昧主义推崇备至。行事谨慎的法兰西国王路易十八去世后，他的弟弟阿图瓦伯爵查理·菲利普（Charles Philippe）即位，即查理十世。1823年到1824年，高举沙皇亚历山大一世的国际主义旗号的反革命行动达到了顶峰。此时，奥地利外交大臣梅特涅正忙于实施1820年制定的压制德意志邦联的措施。他说服奥地利皇帝弗朗茨一世，帮助德意志南部的君主平叛革命，如果不能废除宪法，就先适当修改宪法以平息舆论。当年拟定《给诺沃西利采夫的指示》的沙皇亚历山大一世，现在竟然会支持这样的做法！

8　参阅卡洛斯·德·比利亚努埃瓦基于法兰西外交部的档案所著的《美洲君主制》第3卷《神圣同盟》，第81页。

9　夏多布里昂授意法兰西王国驻马德里的大使，提议挑选一个波旁家族的王子担任墨西哥君主。卡洛斯·德·比利亚努埃瓦：《美洲的君主制》第3卷《神圣同盟》，第73页。

10　夏多布里昂执行这项政策的决心，以及他对法兰西王国执行神圣同盟的决议的信心，证明他一直得到了俄罗斯帝国的大力支持。在英国议会辩论中，坚定支持南美洲自由的亨利·彼得·布鲁厄姆勋爵坚称："沙皇亚历山大一世向斐迪南七世许诺，如果斐迪南七世能砸碎宪法这副已经捆住他的镣铐，自己将帮他恢复大西洋那一头西班牙的领地。"奥古斯塔斯·格兰维尔·斯特普尔顿：《乔治·坎宁的政治生涯》，第2卷，第46页。

11　理查德·拉什：《住在伦敦宫廷的日子》，第2卷，第11页。

12　同11，第2卷，第25页。

13　同11，第2卷，第25页。

14　同11，第2卷，第26页。

15　同11，第2卷，第29页。

16　同11，第2卷，第32页—33页。

17　关于这些谈判，乔治·坎宁不无狡黠地告诉理查德·拉什："关于英国这方面的情况，我是很乐意告诉您的。但牵涉到法兰西王国的内容，我恐怕没有这个权限。"理查德·拉什：《住在伦敦宫廷的日子》，第2卷，第64页—65页。在《乔治·坎宁的政治生涯》中，乔治·坎宁正式授权的传记作家奥古斯塔斯·格兰维尔·斯特普尔顿对这些谈判的论述更全面。

18　奥古斯塔斯·格兰维尔·斯特普尔顿:《乔治·坎宁的政治生涯》,第2卷,第29页。

19　同18,第2卷,第30页—31页。

20　同18,第2卷,第31页。"英国拒绝参与'共同协调行动',令人不解。英国要么并不真的希望双方和解,要么未来另有打算。两种情况都一样有损内阁的荣耀和诚信。"

21　同18,第2卷,第32页。

22　同18,第2卷,第32页。到此时,根茨仍然认为坎宁觉得有必要支持君主制。

23　在有关乔治·坎宁的传记中,奥古斯塔斯·格兰维尔·斯特普尔顿是这样总结关于坎宁对神圣同盟的主要政策的:"莽莽撞撞地从支持突然变成猛烈打击'神圣同盟',决不能使他(乔治·坎宁)获得尊重。从一个极端到另一个极端,必然会激起民主党派的希望,过于激动后反倒可能生出种种怨气,最终导致我们极力想要避免的矛盾爆发。所以不能这样办。英国只能通过停止对神圣同盟的支持,来逐步使它解体。在竞争的国家之间和相互矛盾的原则之间,都要维持平衡,不能让任何一方过于强势,只有这样才能真正帮助争取自由的一方。"奥古斯塔斯·格兰维尔·斯特普尔顿:《乔治·坎宁的政治生涯》,第1卷,第134页—135页。

24　同18,第1卷,第34页。

25　同18,第1卷,第34页。但与此同时,西印度群岛议会发布了一条法令,显示西班牙国王斐迪南七世这个昏庸无能的君主决心继续沿袭1820年革命前的政府制度。

26　同18,第1卷,第37页。

27　同18,第1卷,第37页。

28　此时,只有俄罗斯帝国还在固执己见,用英国外交大臣乔治·坎宁的话说:"俄罗斯帝国恐怕是孤掌难鸣。"加的斯被攻陷后,门罗总统和卡尔霍恩国务卿认为俄罗斯帝国会继续帮助西班牙王国夺取南美洲,只有国务卿亚当斯依然坚持自己的观点。威廉·费迪恩·雷德韦(William Fiddian Reddaway):《门罗主义》,第50页。

29　"英国议员亨利·彼得·布鲁厄姆勋爵说他相信关于南美的问题已经解决或基本解决了。因为最近发生了一件事,实在令全欧洲的自由国家异常开心、无比欣慰。在解决南美问题上,这件事至关重要。那就是美国总统门罗关于西属美洲问题的讲话。"奥古斯塔斯·格兰维尔·斯特普尔顿:《乔治·坎宁的政治生涯》,第2卷,第46页。

30　在1822年1月9日亨利·米德尔顿的信中,附有一份《1821年敕令》。在信中,米德尔顿向美国政府报告,沙皇亚历山大一世忙于调停英国和美国因《根特条约》第一条而产生的分歧。1822年,俄罗斯帝国外交部。

31 一意大利里相当于一千步。它的实际值根据时间或地区的不同有很大区别。从中世纪到17世纪，它经常出现在国际语境中。——译注

32 休伯特·豪·班克罗夫特（Hubert Howe Bancroft）：《北太平洋国家历史》（History of the Pacific States of North America），第23卷，第348页—351页。

33 亨利·米德尔顿致国务卿约翰·昆西·亚当斯的信，1822年2月20日。

34 同33。

35 即锡特卡，1972年12月2日建市，俄罗斯帝国统治时期称新阿尔汉格尔斯克。——译注

36 这些谈判的具体过程，亨利·米德尔顿都通过信件汇报给了国务卿亚当斯，1824年4月19日。

37 同11，第2卷，第87页。

38 同11，第2卷，第87页。

39 同11，第2卷，第103页。

40 约翰·巴赫·麦克马斯特：《美国人民史》，第5卷，第20页—22页。

41 "鉴于美国政府一向开诚布公，并且和欧洲国家长期友好相处，我们有义务明确宣布，欧洲任何国家如果企图将自己的制度扩张到南半球的任何地方，都会被视为对美国和平和安定的威胁。至于欧洲在美洲现有的殖民地或附属国，我们从不干涉，以后也不会干涉。不过，对已经宣布独立并独立至今，以及美国经过慎重考虑，本着公正原则承认其独立的国家，如果有任何欧洲国家为阻挠这些国家独立或以任何形式摆布它们的命运，美国将会视其为对美国的挑衅。"詹姆斯·D.理查森（James D. Richardson）：《总统的咨文和文件》（Messages and Papers of the Presidents），第2卷，第218页。

42 "鉴于这些行为涉及甚至妨碍了美洲利益，美国政府认为是时候声明：今后欧洲任何列强不得将美洲大陆已经独立、自由的国家当作未来殖民的对象。这是直接涉及美国权益的原则问题。"詹姆斯·D.理查森：《总统的咨文和文件》，第2卷，第209页。

43 "我们对欧洲的政策，早在战争肆虐欧洲之初就形成了，并一直沿用至今。我们的政策就是不干涉欧洲国家事务。"詹姆斯·D.理查森：《总统的咨文和文件》，第2卷，第218页—219页。

44 詹姆斯·D.理查森：《总统的咨文和文件》，第2卷，第193页。

45 威廉·埃利埃泽·巴顿（William E. Barton）的《克拉拉·巴顿传》（The Life Clara Barton）中，碰巧有一个有趣的例子，说明美国不参与欧洲事务曾达到何等偏狭的程度。巴顿称，美国一开始拒绝参加国际红十字会，很大程度上是因为，当时美国人普遍认为这违反了门罗主义。

46 同18，第2卷，第436页。

47 即后来的比利时国王利奥波德一世，他没有接受希腊王位。

48 同3，第425页。

49 尼古拉·米哈伊洛维奇大公：《沙皇亚历山大一世》，第2卷，第530页。

50 但在美国，亚历山大一世一直声誉甚隆。1825年7月2日，亨利·克莱代表美国内阁敦请亚历山大一世出面调停，希望西班牙国王斐迪南七世停止对叛乱的古巴和波多黎各采取敌对行为。对此，美国驻俄罗斯帝国大使米德尔顿在给国务卿克莱的信中说："已经转达了……提议，我认为应该能得到同意。"米德尔顿致美国国务卿克莱的信，1825年9月8日，信函手稿。

51 同3，第437页。

52 尼古拉·米哈伊洛维奇大公：《沙皇亚历山大一世》，第1卷，第309页。在给夏多布里昂的信中，费隆内写道："跟他谈话时，你会觉得世上再也没有像他这么坦率、忠诚的人了。你会觉得他是个骑士，同时兼具了一个伟大君主必需的素质，聪明过人、精力充沛。可惜啊！他一生中太多的故事告诉我们，此人不可信。"1823年5月19日，费隆内致夏多布里昂的信，法兰西外交部档案。皮埃尔·雷恩引用于《一个理想主义者：沙皇亚历山大一世》，第426页。

53 亚历山大一世常常要求他宠爱的情妇纳雷什金娜（Narychkine）老实回答他（虽然她的忠贞在他眼里也变得可疑），群臣是不是觉得他的行为很可笑。他还常常嚷着要退位，那副激动的样子就像年轻时的模样。波瓦涅伯爵夫人（Comtesse de Boigne）：《回忆录》，第3卷，第156页—157页。

54 虽然亚历山大一世的尸检报告有五位医生联名签署，但在很长一段时间里，俄罗斯帝国盛行着一个传言，认为亚历山大一世当时并没有死，而是以僧人"费奥多尔·古兹米特（Feodor Kousmitch）"的身份隐居在西伯利亚。一个自称其父亲是名军官的人说，他父亲曾经在亚历山大一世隐姓埋名的这段时间结识过这位曾经的沙皇。

附录1

1818年亚琛会议拟定的领土保障协议[1]

1818年11月15日签署的协议虽然表达了欧洲联盟的良好意愿，但仍有许多不足之处。未来，我们必须签订一个条款更加明确，原则更加保守的协议，最好是再制定一个协议，要求《维也纳会议最后议定书》[2]和《巴黎条约》(1815年)的签约国都共同签署。只有这样，才能保证各国共同尊重上述两个协议规定的权益。

　　这份协议作为欧洲团结的保障，必须明确规定各国相互的义务。俄罗斯帝国沙皇亚历山大一世认为，《神圣同盟盟约》倡导的手足之情既是一个基本原则，也是协议的意义和主旨。欧洲国家几乎都接受了这个原则，这足以证明它代表了普世价值。

　　如果各同盟国认为以这个原则作为外交活动和策略的基础是必要的，时机也是恰当的，那么为实现这个目标，沙皇亚历山大一世随时准备做出任何牺牲。俄罗斯帝国特使已经收到指令，亲自与所有盟国的内阁商讨拟定条约事宜。

　　协议草案如下：

　　自1814年以来，各国制定的协议，特别是维也纳会议和亚琛会议制定的协议，都体现了一个重要的指导思想：在确认各国领土的基础上，建立一个持久和平的欧洲体系。奥地利帝国、法兰西王国、荷兰王国、普鲁士王国、俄罗斯帝国的君主都认为，在平等的基础上，进一步明确各国互惠的关系，会更有利于欧洲的局势。因此，兹订立《领土保障协议》：

第一，一致遵守本协议确立的原则；承认欧洲目前确认的各国领土，除非有同盟的授权或双方协商自愿，否则绝不可试图扩张领土。

第二，尊重条约确定的各国领土边界，并承诺共同反对试图破坏欧洲和平的国家。此条款立即生效。[3]

第三，同意将以上条款告知英国政府，并邀请英国政府在必要时出面调停，但英国政府不需要承诺遵守和积极配合本协议（而欧洲各国在随时准备接受英国的配合）。

第四，邀请德意志邦联加入本体系。

第五，为避免因涉及太多国家而导致局面过于复杂，不利于实施"相互保障领土"的原则，各国承诺不再与其他国家签订类似条约。[4]

注释

1. 沙皇亚历山大一世在亚琛会议上提议的条约。存放在"俄罗斯帝国外交部档案"中，文件袋上标有"1818年亚琛会议手稿"。
2. 即"The Final Act of Vienna"。
3. 对比《凡尔赛和约》(*Treaty of Versailles*)第十条。
4. 这份有趣的文件保存在圣彼得堡外交部的档案里，但没有任何记录显示以上原则得到了郑重的讨论，至少在亚琛会议上没有被郑重对待。形成欧洲体系的条约林林总总，已非常庞杂，除了法兰西王国和俄罗斯帝国，欧洲其他国家对再增添这个确认领土的条约兴趣乏乏，也可以理解。

附录2

拿破仑战争后的世界革命：特罗保会议[1]

我国外交大臣已经奉命说明了各国政府首脑在特罗保再次集会的目的。本次会议，首先是为了把世界从革命运动的无政府状态中拯救出来。大国团结一致，把欧洲从导致了法国大革命的军事专制中解放出来。各国获得了独立，解除了军队，每个国家都希望通过协议保证国内外的安定，从此各国人民能够安享太平。在这个可喜的局势下，新的结盟声明、新的承诺不断发布，饱受战乱之苦的人民终于可以喘口气了……然而，革命斗争已经给整个欧洲留下了烙印，其间，更多的思想被这个世纪的错误与灾难所歪曲。这些后来兴起的理论是在革命事件中产生的，起初由于其致命的影响而获得了权力，但在随后的和平中，权力逐渐消失了。于是，革命分子千方百计破坏和平，想方设法离间同盟国家。为了煽动人民造反推翻统治者、颠覆国家，他们无所不用其极。那些有革命传统的国家，更是他们瞄准的对象。所以很不幸，他们在西班牙王国、那不勒斯王国和葡萄牙王国成功了。但这三个政权的颠覆让全世界看到，大家以为已经一去不返的革命势力还在蛰伏，伺机而动。欧洲殿堂还没有来得及在废墟上重建，人们就发现欧洲的基石——国际法制、宗教信仰、基督教教义正在遭受重创。当各国政府极力了解人民的真正需求，并积极加以满足时，却突然发现，单凭良好的意愿寸步难行。面对敌人在两个半岛的大胜，如果欧洲保持沉默，那么1814年、1815年和1816年签订的一系列确定各国责任的条约将很快土崩瓦解。到时候，各自为政又孤立无援的欧洲各国，只能向革命专制屈服……

革命分子挑拨人民，说君主们会联合起来反对民权。那么我们就必须让人民信服，君主真正的力量是用来防止和镇压罪恶与叛乱的，并且其唯一的目的恰恰是为了保证其国民享有和平的权利。敌人试图将特罗保会议丑化成奥地利帝国、俄罗斯帝国和普鲁士王国的君主们的横行霸道。他们还称，奥地利帝国、俄罗斯帝国和普鲁士王国三个同盟国受到了另一个联盟阵营——英国、法兰西王国、荷兰王国、意大利各邦国、西班牙王国和德意志中部地区及南美洲、北美洲——的挑战。因此，我们必须揭穿谣言，证明给世界人民看，欧洲各国代表齐聚特罗保，商讨维护欧洲体系的相关问题。这就是为什么我们需要五大国的代表再聚首。鉴于此，会议要解决的第一个的问题就是如何调和奥地利帝国、俄罗斯帝国、普鲁士王国、法兰西王国以及英国之间的分歧，使各国对革命党采取同样的态度和措施。这项任务艰巨，只有靠大家对正义的共同追求才有可能完成。

奥地利帝国的地位决定了它理当肩负起为欧洲各国提供建议的责任，特别是对意大利要多费心，因为意大利的局势只靠西西里国王斐迪南一世签署的一个局部条约维持着。奥地利帝国认为，既然如此，1815年6月12日的条约（《维也纳条约》）就应当废除。既然欧洲国家授权给奥地利帝国，那么它就应该有充分的主动性，才能使那不勒斯的人民重新效忠国王、遵守法律。法兰西王国境内，革命团体仍然林立，妄图推翻君主统治。这时候当然不能指望法兰西王国全力配合国际行动。但为了大家共同的事业，法兰西王国需要为各国提供支持……至于财富和文明都正值鼎盛的英国，此刻已经被自己的繁荣冲昏了头脑。看看英国国内的矛盾如何威胁着王室、军队和政府就知道了。在这种情况下，指望英国政府积极效力于欧洲联盟是不可能的。它应该为自己还能算是欧洲联盟的一员而感到庆幸。英国能提供的最大帮助就是，不要用渺茫的希望蛊惑那些给我们制造麻烦的人。而普鲁士王国正忙于协调德意志邦联内部及其与奥地利帝国的关系，精力受制。幸亏俄罗斯帝国一向立场坚定，将继续执着于自己一贯的追求。

» 注释

1 备忘录手稿，1820年11月，俄罗斯外交部档案标有"1820年特罗保会议"的文件袋。